이지훈

반갑습니다. 꺼지지 않는 용광로 이지훈입니다.
열여덟 살에 첫사랑 아내를 만나 결국 결혼에 성공하고
자식까지 있어서 별명이 꺼지지 않는 용광로입니다.
옷도 만들고 마트도 운영하고 누구도 의뢰하지 않았지만
춤을 자주 춥니다.
인생 목표는 목표가 없어도 행복한 삶이고,
아들 이름은 자유입니다. 첫 책인데 마지막일 수도
있습니다. 모쪼록 잘 부탁드립니다. 땡큐!

인스타그램 @easyboyisfree

자유로운
생활

자유로운 생활

초판 1쇄 발행 2025년 8월 6일
초판 3쇄 발행 2025년 8월 29일

지은이 오송민, 이지훈
펴낸이 최순영

출판1본부장 한수미
컬처 팀장 박혜미
편집 박혜미
디자인 정명희

펴낸곳 ㈜위즈덤하우스 **출판등록** 2000년 5월 23일 제13-1071호
주소 서울특별시 마포구 양화로 19 합정오피스빌딩 17층
전화 02) 2179-5600 **홈페이지** www.wisdomhouse.co.kr

ⓒ 오송민, 이지훈, 2025

ISBN 979-11-7171-466-7 03810

- 이 책의 전부 또는 일부 내용을 재사용하려면 반드시 사전에 저작권자와 ㈜위즈덤하우스의 동의를 받아야 합니다.
- 인쇄·제작 및 유통상의 파본 도서는 구입하신 서점에서 바꿔드립니다.
- 책값은 뒤표지에 있습니다.
- KOMCA 승인필

자유로운 생활

이지훈
오송민

A
LIFE
OF
FREEDOM

위즈덤하우스

이 책에 수록된 2장 「자유에게」의 원고는 《wee》 매거진에 연재한 칼럼 일부를 포함하고 있습니다.

목차

프롤로그
-6-

CHAPTER 01
자유를 찾아서
-10-

CHAPTER 02
자유에게
-68-

CHAPTER 03
자유로운 생활
-138-

에필로그
-190-

프롤로그

18세 여름 첫 만남.
29세까지 만났다 안 만났다를 반복.
29세에 제대로 된 연애 시작.
34세에 혼인.
39세에 득남.
현재 결혼 7년 차. 알고 지낸 지 22년 차.

 이지만 제겐 아직도 아내를 웃기려는 개그
욕심이 있습니다. 기상과 동시에 이상한 춤을 추며
일어납니다. 에너지가 넘쳐서가 아닙니다. 개그 욕심
때문입니다. 세수할 때 괜히 '후왁! 촵! 좔좔좔!' 기합을

지릅니다. 개그 욕심 때문입니다. 아내가 밖에서 듣고 피식이라도 하길 바랍니다.

아내가 등원을 시키면 아들이 많이 웁니다. 그래서 등원은 늘 제가 시킵니다. 아내는 창문 앞에 서서 그 모습을 늘 찍습니다. 그걸 아는 저는 괜히 엉덩이라도 한 번 흔들며 갑니다. 트월킹을 잘해서가 아닙니다. 개그 욕심 때문입니다.

아내와 회사를 함께 운영 중입니다. 아들을 등원시키고 회사로 출근하면 아내는 먼저 와서 일을 시작하고 있습니다. 아내는 디자인을 맡고 저는 그 밖의 일들을 합니다. 업무도 다르고, 이제는 대략 10년 차이기도 해서 사실 딱히 의논할 것이 없습니다. 그냥 각자 할 일을 하면 됩니다. 그런데 저는 한 시간에 한 번씩 아내의 사무실 문을 엽니다. 괜히 들어가서 싱거운 농담 한마디 하고 나오는데, 그렇게 열 번 들어가면 한 번 정도 웃습니다. 제가 뻐꾸기 시계여서가 아닙니다. 개그 욕심 때문입니다.

퇴근을 하면 저녁 7시쯤 됩니다. 보통 와인을 한 병 사서 갑니다. 아, 물론 2만 원 넘는 와인은 안 됩니다. 어차피 맛을 모르기 때문에 의미가 없습니다. 한 손엔 와인을 들고, 한 손엔 꾸이맨을 들고 집에 도착하면 아들이랑 목욕을 합니다. 아들이 목욕하기 싫어하면 데리고 나가서 초코에몽을 사 먹거나, 후암동 108계단 엘리베이터를 타고 놀다가 집에 옵니다. 10시쯤 돼서 아들이 잠들면 아내와 마실 와인을 꺼냅니다. 와인을 마시며 주로 이야기를 많이 나누는데, 또 어떤 날은 각자의 시간을 갖습니다. 아내가 〈선재 업고 튀어〉를 볼 때 저는 〈삼체〉를 보는데, 한참 보다가 괜히 아내가 보고 있던 화면을 손으로 가립니다. 그러고는 "재밌는 얘기 해줄까?"라고 물으면 열 번에 열 번은 "아니"라는 대답이 돌아옵니다. 제가 물음표 살인마여서가 아닙니다. 개그 욕심 때문입니다.

아내를 안 지 22년, 결혼한 지 7년이 되었지만 전 아직도 아내를 웃기려는 욕심이 있습니다. "나랑 왜 결혼했어?"라는 제 질문에 아내는 토씨 하나 안 바꾸고 늘 "웃겨서"라고 대답하기 때문입니다. 저는 환갑이 되어도 기상과 동시에 춤추는 사람이 될 수 있습니다. 그게 제가 아내를 사랑하는 방식입니다.

2025년 여름,
이지훈

자유를 찾아서

지훈

   나랑 왜 결혼했어 하고 장난스럽게 물어보면 아내는 늘 스무 살 때의 기억을 말한다.

   돈도 없고 뭣도 없던 스무 살 시절, 둘이 사귀는 사이도 아니었던 친구 시절. 아내와 늦게까지 술을 마시고 남은 돈은 돌아갈 차비밖에 없었다. 아내는 이왕 이렇게 된 것 그냥 남은 돈으로 술이나 사 먹고 걸어가자고 했고, 나는 그러자고 했다.

   10킬로 정도 되는 길을 걷다가 쉬었다가 노래도 부르다가 마음대로 가다가, 나는 느닷없이 앞구르기를 했다. 그 모습이 아내는 그렇게 재미있었다고 했는데, 몇 번을 물어봐도 진짜 이 이야기만 하는 것을 보면, 나는 정말 스무 살의 무일푼 앞구르기 덕분에 아내와 결혼할 수 있었나 보다.

   그렇다면 우리 아들 자유도 그랬으면 좋겠다. 너무 재고 따지느라 지금의 즐거움을 놓치지 않기를, 때로는 대책도 좀 없어보기를, 후회 대신 앞구르기나 시원하게 하기를.

송민

나는 행복해요 점프 점프
한 번 더 점프 점프
나는 행복해요

다 함께 손잡고 걷는 여름밤이 너무 좋았는지 자유는 자꾸 행복하다는 노래를 불렀다.
남편이 매일 아들에게 점프 점프! 한 번 더 점프 점프! 외치며 춤을 추는데 그 말을 배웠나 보다. 행복이라는 단어의 정확한 뜻은 모르지만 기분 좋을 때 하는 말이라는 건 정확히 아는 얼굴이었다.

귀여워서 동영상을 계속 보는데 자꾸 눈물이 난다. 뜨거운 마음이 되어 자꾸만 눈물이 난다.

나는 행복해요 점프 점프
한 번 더 점프 점프
나는 행복해요

요즘 나는 이런 것들로 운다.

CHAPTER 01
자유를 찾아서

나는 고장 난 우산을 들고서는 머리에만 비 안 맞으면 되지~ 하면서, 아내는 구멍이 송송 난 고무 샌들을 맨발로 신고서는 비 오는 날 신어야 제맛이지~ 하면서 회사에 간다.

우리 둘은 끝과 끝에 있는 사람이지만 이런 점만큼은 고등학생 때부터 참 잘 맞았다. 차비까지 다 털어 같이 술을 마시고는 십 몇 킬로를 걸어 집으로 가던 기억이 여전히 생생하다.

될 대로 되어도 괜찮다는 마음이 우리 부부에겐 있는데, 그렇게 뭐든 대수롭지 않게 생각하는 사람이 내 아내라는 사실이 오늘따라 커다란 안심이 되었다.

나는 뭣도 없지만 뭐든 할 수 있을 것만 같다.

봄이 되면 유난히 자주 가는 동네 분식집이 있다. 가면 꼭 야외 자리에 앉는다. 좁은 인도에 깔린 파란 플라스틱 테이블 하나. 그 자리에 앉는다는 건 날씨가 좋다는 뜻이고, 추운 겨울은 이제 다 지나갔다는 말이다.

분식집 옆집은 꽃집이다. 덕분에 빨간 떡볶이를 먹으며 길가에 쭉 늘어선 하얗고 노란 꽃들을 본다. 알록달록한 것들을 보고 있으면 자연스럽게 마음에도 봄이 든다.

늘 같은 메뉴를 먹으며 오늘은 더 맛있다 말하고, 요즘 날씨가 정말 좋다는 얘기를 한다. 그 말들이 괜히 노래처럼 들릴 때가 있다.

어디선가 불어오는 봄바람에 잘 키울 자신도 없는 식물을 덜컥 사게 되는 날.
하늘은 맑고 사람들의 얼굴은 연두색 어린 잎 같아 어딜 둘러보아도 모두 봄인 날.

오늘처럼 시시한 날들도 잘 모아두고 싶다.
ㅂ 같은 모양으로 뾰족한 뿌리가 나 있는 마음도

봄바람에는 힘을 다 잃어, 결국에는 ㅁ처럼 생긴 초록색 들판을 만난다. 봄이라는 글자는 다행히도 우리를 그렇게 만들어준다.

평소의 주말과는 달리 아침 일곱 시에 일어난 아내는 오늘의 좋은 날씨는 오늘뿐이라며, 혼자만의 아침을 즐기고 오겠다는 나로선 물어본 적 없는 선언을 기운차게 한 뒤 집을 나섰다.

오후 두 시가 다 돼서야 돌아온 아내는 "일단 기사식당에서 잡채국밥이랑 반주를 했어. 그리고 자라(ZARA)에 가서 5만 원어치 폭풍쇼핑을 했지. 그러곤 날씨가 좋아서 무작정 걷다가 시장에서 딸기, 시금치, 냉이를 사고서 이제 온 건데, 나 지금 너무 행복하고 졸려"라며 오늘의 하루를 자랑하는 꼬맹이처럼 재잘재잘대다 갑자기 잠이 들었다.

나는 별것 없는 반나절에도 쉽게 행복을 느끼는 아내가 코 고는 소리를 들으며, 마치 내가 잡채국밥에 반주를 한잔한 것처럼 기분이 좋아졌다.

어제는 남편의 자유시간이었다. 24시 사우나에 가서 느긋하게 목욕도 하고 티브이도 보고 싶다고 했다. 그야말로 작고 확실한 행복이다. 소박한 꿈을 이룬 남편은 휴대폰 메시지로 수다스럽고 유난스러운 인증을 했다.

11:42 엘리베이터 앞입니다. 황금색으로 되어 있습니다

11:45 사우나 도착했습니다. 원목으로 되어 있어 심신에 안정감을 줍니다

11:46 불필요한 지출을 막기 위해 세안도구는 따로 챙겨 왔습니다

12:38 세신 마치니 얼굴에 광이 납니다. 휴게실이 무척 넓고 쾌적합니다

12:45 안마실에 도착했습니다. 벌써부터 온몸이 날아갈듯 가볍습니다

12:57 여보 정말 고마워. 잘 쉬고 잘 충전하고 가서 더 좋은 남편이랑 아빠 될게!

그에게는 두 가지의 천재적인 능력이 있다. 어떤

상황에서도 웃길 구석을 찾아내는 능력과
별거 아닌 것으로도 상대를 근사하게 만드는 재주. 실시간 사우나 중계를 듣다 보니 그런 시간을 내어준 내가 멋지게 느껴질 정도였다.

혼자만의 시간은 결국 우리 둘의 시간을 단단하게 만들어준다. 일상이 건조해질 때는 오늘처럼 촉촉한 하루가 꼭 필요하다. 냉탕과 온탕을 오가며 우리는 우리만의 가족을 만들어간다.

꺼지지 않는 용광로가 되는 법

1. 잠을 많이 잔다.
2. 무슨 네 시간 자고서 정신력으로 버틴다 같은 소리를 하지 않는다.
3. 조금 자고 좀비처럼 버티는 것보다 푹 자고 맑은 정신으로 팍팍 해치우는 게 낫다.
4. 그렇게 안 추우면 찬물 샤워를 한다.
5. 아침을 먹는다. 씹기 싫으면 뭐라도 마신다.
6. 가능하면 하루에 한 번은 땀을 흘린다. (땀 때문에 눈이 안 떠질 정도를 말함)
7. 할 일이 있으면 지금 한다. 생각은 하면서 한다.
8. 오늘은 그만 일하기로 했으면 정말로 그만 일한다. 생각조차 하지 않는다.
9. 아무도 의뢰하지 않은 일을 잠깐이라도 한다.
10. 잠들기 한 시간 전엔 릴스 그만 본다.
11. 약간 시원하게 하고 잔다.
12. 반복.

신혼여행 때 포르투갈에서 남편과 똑같은 타투를 새겼다. 결혼을 기념한다는 낭만적인 말로, 사실은 충동적으로.

우리가 같이 새긴 건 작은 제비였다. 타투이스트는 신혼부부 티가 팍팍 나는 우리에게 제비 그림을 추천했고, 대화가 거의 되지 않았지만 중간중간 '러브'라는 단어가 들렸기에 그냥 마음이 끌렸다. 포르투갈 사람들에게 제비는 사랑하는 사람과의 유대감을 상징한다고 한다. 물론 타투를 새기고 나중에 알게 된 사실이다.

점점 살이 찌면서 나의 제비는 눈치 없이 자꾸 커졌고, 어느 순간 거대한 독수리가 되어 있었다. 덕분에 원래도 잘 안 입던 민소매 옷들은 내게 점점 더 어색한 존재가 되었다. 그러다 우연히 상품 촬영 중 민소매 원피스를 입게 됐는데, 순간적으로 아무렴 어떠냐는 생각이 들었다. 처음만 어색했지 그다음은 쉬웠다.

이게 뭐라고 한 번도 안 입어봤을까. 여름에도

긴팔을 입었던 그 동안이 억울할 정도로 시원하고 자유로웠다. 나는 이런 사람이야, 라고 스스로 정해놓은 선을 아주 가볍고 산뜻하게 폴짝 뛰어넘은 기분이었다.

    나에게 가장 중요한 단어는 '자유'다. 무엇이든 할 수 있고 무엇이든 하지 않을 자유.

    오늘, 나의 작은 한계를 하나 넘었다. 그 자유를 기념하며 다이어리에 크게 써둔다. 어떤 순간에도 내가 나에게 제한과 한계를 두지 말자고.

나만의 '파도론'이 있다. 살면서 걱정할 일이 생기면 처음엔 다른 누구나처럼 당황하고 두려워하다가도, '아 맞다, 어차피 파도는 늘 치니까'라며 파도론에 기대어 가능한 빨리 회복하는 것이다. 살면서 뛸 듯이 기쁜 일이나 사무치게 슬픈 일로 끝내 남을 만한 경우는 생각보다 별로 없다. 이렇게 내 맘대로 믿고 사는 덕분에 스트레스가 많지 않은 편이다. 가끔 내 SNS 계정에 "어떻게 맨날 즐거우세요?" 같은 댓글이 달리기도 하는데, 어쩌면 그 질문에 대한 대답이 될 수도 있다.

스물셋 군대 제대 후에 서울로 바로 상경해서 몇 평이라고 말할 가치도 없는 작은 고시원에서 살았다. 고시원은 나름 나쁘지 않았다. 왜냐하면 최소 쌀밥과 라면은 무제한 무료 제공이었기 때문에, 먹는 건 돈 한 푼 안 들이고도 해결이 가능했다.

문제는 세탁이었다. 세제는 공짜가 아니었다. 가져온 옷은 두 벌뿐이고 돌려 막기도 한계가 있어서, 빨래를 해야 최소한 사람 구실을 할 수 있을 것 같은데 세제를 살 돈이 없었다. 무슨 80년대 이야기로 들릴 수도 있겠지만, 2006년임에도 불구하고 뭐 어떻게 하다 보니까 정말 300원밖에 없었다. 그 문제를 어떻게 해결했는지는 기억이 잘 나지 않지만, 당시에 슈퍼까지 들어갔다가 천 원짜리 여행용 수퍼타이를 끝내 다시 내려놓고 나오던 기억, 그때의 엄청난 위기감과 압박감은 생생하다. 그 당시 내 인생의 가장 큰 파도는 여행용 수퍼타이였던 것이다.

다소 극단적인 얘기는 하지만, 나는 그때의 감정을 살아가는 양분으로 삼는다. 사무치게 슬픈 일이나 앞이 안 보이는 어려움이 생겨도 어떻게 하다 보면 넘어가진다. 또한 넘어보면 확실히 상상했던 것보다는 별게 아니다. 그렇게 잠잠했다가 또 다른 파도가 온다. 그러면 또 그때그때 타고 넘어가면 된다. 어차피 죽기 전까진 파도는 계속 치게 되어 있고, 그것만은 사실이라고 인정하고 사는 거다.

파도 끝나면 또 파도. 그리고 또 파도. 말만 들어도 너무 지치고 숨이 막혀야 정상인데 나는 파도가 끝이 없다는 사실에 도리어 자유롭다. '어차피 망한 시험 신나게 놀기나 하자=어차피 오는 파도 신나게 타기나 하자' 같은 마음이다. 또 다르게 보면 파도가 많다는 것은 할 이야기가 많다는 뜻이기도 하다. 그만큼 더 재밌게 산다는 뜻도 되고, 무엇보다 그만큼 더 성장한다는 뜻이라고 믿고 사는 편이다.

   신나게 파도 타시기 바랍니다. 어차피 파도는 치는데 그럼 뭐 울겨 어쩔겨~

나는 고민이 있으면 못 자고, 남편은 고민이
있어도 푹 잔다.
나는 지금 해결할 수 없는 일이라서 고민하고,
그는 지금 해결할 수 없는 일이라서 더 이상
고민하지 않는다.
같은 문제로 함께 고민을 하다가도 편안히 잘
자는 얼굴을 보며 혼자만 속 편하구나 싶어 고개를
절레절레 저었다. 그런데 요즘은 오히려 존경과
부러움으로 고개를 끄덕인다.

잠시 멈추는 것도 방법이구나.
너무 심각할 필요는 없구나.

스스로를 끝까지 몰아세우지 않고, 잠시 문제에서
한 발 물러나 자신을 지켜내는 그만의 단호함을
존경하게 되었다.
아무리 그래도 그렇지 고민한 지 5분도 안 됐는데
잠드는 건 좀 너무해….

할 일이 너무 많아서 오히려 아무것도 못하는 날에는 걸어서 시장에 가자. 냉장고 바지도 사고 바나나랑 요구르트도 사고 오징어튀김도 오천 원어치 사 먹자. 생각 그만 계획 그만 조사 분석 고민 그만하고 그냥 현관문을 열자. 아니면 화장실 청소를 하든지 물구나무를 서든지 아무튼 뭐라도 하자. 이따가 말고 지금 하자. 권태가 왔다가도 비집고 들어올 틈이 없도록 계속 어깨를 들썩이고 엉덩이를 흔들면서 가만히 있으면 알 길이 없었던 오징어튀김의 바삭함을 느끼자. 비로소 잘 보이는 아내와 아들의 미소를 감상하자.

나는 쉬는 법을 잘 모른다. 몸과 마음의 상태를 알아채는 것에 무디고 느리다. 지훈이는 그 반대다. 피곤하면 약속도 미루고 푹 자거나 운동을 한다. 불편한 상황에 자신을 오래 두지 않으려는 것이다. 그래서인지 나를 늘 안타깝게 여긴다. 왜 자신을 그렇게 불편하고 힘든 상황에 그대로 두느냐는 말을 듣고서야 알았다. 내가 내 불편함에 얼마나 무뎠는지를.

언제 어떻게 쉬어야 하는지, 어떤 곳에 나를 데려갈지, 내가 무엇에 기쁘고 편안해 하는지. 그런 것들을 알아내고 맞춰 움직이는 일에 참 게을렀다.

지난주 지훈이가 스파를 예약했다며 아무 말도 말고 일단 다녀오라고 했다. 나는 싫다고, 돈 아깝다 말했지만 도착하자마자 방어할 틈도 없이 코로 들어오는 아로마 향기에 알아차렸다. 지금 60분의 시간이 분명 나를 구원해줄 거라는 것을.

스파가 끝나고 거울 속 내 얼굴은 달라져 있었다. 눈빛에 단단한 힘이 느껴졌다.

나에게 잘 해주는 건 정말 기분 좋은 일이구나. 이건 절대 게을리해서는 안 되는 거구나. 아주 작지만 단단한 힘이 마음 안에도 생기고 있었다.

매일의 행복에만 집중하며 산다. 원래 그렇게 살았지만 더 격렬하게 적극적으로 오늘만 살려고 한다.

스무 살 때부터 지켜온 나만의 무적의 논리가 있는데, 그것은 행복한 오늘이 30일 쌓이면 한 달이고, 열두 달이 쌓이면 1년이므로, 올해는 잘 살았나 못 살았나 짚어보려면 결국 오늘을 잘 살아야 한다는 것이다.

지훈이는 하루에 한 가지 즐거운 일을 하겠다고 했다. 곁에 있는 사람에게 영향을 많이 받는 나는 그의 다짐에 흠뻑 흡수되었고, 그날 이후 필름카메라를 가지고 다니기 시작했다. 그를 따라 하루 한 가지 즐거운 일을 해보기로 한 것이다.

굳이 안 해도 되는 일을 그냥 즐거워서 하는 사람. 재밌으면 그냥 해보는 사람. 나는 지훈이의 그런 점을 참 좋아한다. 누구도 시키지 않았고 아무도 안 볼지 몰라도 본인만의 킬링보이스를 찍는가 하면 갑자기 메일 연재까지 시작했다. '꺼지지 않는 용광로'라는 나로서는 상상하기 힘든 파워풀한 제목과 그에 걸맞은 활력 넘치는 이야기들로…. 나는 하고 싶다 말만 하고 오랫동안 하지 못한 일을 지훈이는 하고 싶다는 이유 하나로 그날 바로 시작했다. 이런 그의 용기가 나에게 다시 용기를 준다.

모든 것은 마음이 만드는 파도일 뿐이지
세상은 사실 생각보다 고요하단다

그러니 아무것도 무서워하지 말고
너의 하루를 기쁨으로 채워나가라
자유가 태어나서 할 일은 그것뿐이야

그가 자유를 위해 쓴 태교일기 중에 좋아하는 부분이다. 하루에 한 가지 즐거운 일을 하며 하루를 기쁨으로 채워나가는 삶. 살아가며 오래도록 가져가고 싶은 말이다.

취미로 종종 유튜브에 영상을 올린다. 어느 날엔가 딩고 스튜디오에서 하는 킬링보이스가 너무 부러운 거다. 그렇지만 나는 가수도, 연예인도 아니니 킬링보이스에 나갈 수 있는 방법이 없어서 그냥 스스로 해봤다. 아래는 그때 쓴 인트로 글이다.

킬링보이스는 아니구 필링보이스 해봤어요. 의식의 흐름이 느끼는 대로 불러서 필링보이스입니다. 왜 했냐 하면 재밌을 것 같아서요. 다른 이유는 원래 없었는데요. 사실 여전히 없습니다. 이따 저녁에 유튜브에서 만나요! 기대해주십쇼. 기대에 배신하겠습니다.

하고 싶은 것을 안 해본 적은 없다. 어쩌면 취미계의 ADHD일 수도 있다. 모든 격투기 운동에 한 번씩 발만 담가보았으며, 모든 악기도 한 번씩은 다 레슨을 받아보았다. 댄스 레슨과 보컬 레슨도 물론 받아봤다. 이제 안 해본 분야는 디제잉과 작곡만 남았는데, 현재 진행 중인 복싱 PT와 드럼 레슨을 마치는 대로 도전해볼 생각이다. 남들은 시작이 어렵다고 하는데 나는 시작은 너무 쉽다. 마무리가 안 돼서 그렇지.
하고 싶은 것은 반드시 해봐야 직성이 풀리는 '프로체험러'의 성격은 스무 살 때 읽은 책의 한 문장에서 시작되었다.

"아무도 의뢰하지 않은 일을 해보자."

책의 제목은 나카타니 아키히로의 '20대에 하지 않으면 안 될 50가지'이다. 저자는 더 이상 분해할 수 없을 때까지 라디오를 분해했다가 다시 조립해보라고, 그 과정에서 얻는 무언가가 반드시 있을 것이라고 했다. 또는 그 경험이 분명 인생의 어딘가에 도움이 될 것이라고. 나는 그 이야기가 그렇게 멋져 보여서 그 길로 바로 마이마이를 분해했고, 다시 조립하지 못해서 엄마한테 많이 맞았다.
아마 이 이야기의 핵심은 '돈이 안 되는 일을 해봐라'라는 걸 거다. 바쁜 현대사회에서 요즘 누가 그러겠냐마는 나는 사람들이 다들 종종 그랬으면 좋겠다. 돈이 안 되는 일을 할 때만 발견할 수 있는 순수한 기쁨이 분명히 있으니까. 또한 작가의 말대로 그 경험은 분명 늦게라도 인생에 도움이 된다.

  하고 싶은 것이 있다면 아무도 안 시켜도, 돈이 안 돼도 꼭 해보시길. 반드시 뭐라도 얻게 될 것이다. 하다못해 좋아하는 노래 한 곡 정도는 기타로 연주할 수 있게 될 테니까. 살면서 기타 연주가 뭔 도움이 되나 싶겠지만, 나는 기타 치고 노래 불러서 지금의 아내를 꼬셨다.

올해도 벌써 이만큼이나 지나왔다. '벌써'라는 단어는 언제나 아쉬움으로 느껴진다. 매일매일은 분명 길고 빽빽하게 흐르는데 지나고 보면 그 하루들이 후루룩 지나가 있다. 이 시간을 조금이라도 붙잡아두려면, 기억에 남을 일을 자주 해야겠다고 생각했다.

얼마 전 라디오에서 65세에 자전거 타기를 배우기 시작했다는 어떤 사람의 이야기를 들었다. 그 사람에게 올해 가을은 어떤 때보다 선명한 기억으로 남겠지. 두 손으로 자전거 핸들을 꽉 붙잡듯 지금을 단단히 붙잡고 있을 모습을 생각해봤다.

나는 무엇으로 지금을 붙잡아볼까. 너무 잘하고 싶어서 아예 시작도 못한 일, 언젠가 하겠다며 끝도 없이 나중으로 미뤄둔 일, 가능성이라는 이름표만 붙여둔 채 먼발치에서 바라본 일들. 그런 것들을 조금씩 데려와 지금에 붙잡아두고 싶다.
그런 마음으로 친구들과 용산에서 판교까지 25킬로를 걸어가 보기로 했다. 돈까스도 먹고

친구네도 놀러가려고. 이거 할래? 하면, 그래! 하는
친구들과 그냥 재밌을 것 같아서 무작정 출발했다.

평소에 안 하던 일을 할 때,
굳이 그렇게까지 하지 않아도 되는 일을 할 때,
하고 싶은 이유가 그저 재미일 때.

이럴 때 나는 정말 신이 난다. 25킬로를 걷는 동안
생각했다. 올해 가을은 언제가 되어도 또렷하게
기억 날 것 같다고. 돈까스를 먹으러 걸어가며
지금을 길고 깊게 붙잡아두었다.
오늘만큼은 '벌써'를 환희의 마음으로 말한다.
우리 벌써 이만큼이나 걸었어!

후암동에서 판교까지 걸어가서 돈까스를 먹고 오기로 했다. 같이 가기로 한 친구들 중 그 누구도 그래야 하는 이유를 몰랐지만, 친구들 중 그 누구도 그 이유를 묻지 않았다.

아무도 시키지 않은 일, 아무런 쓸모도 없는 일을 하면 쾌감이 있다. 누가 봐도 최강의 비효율적인 것을 나 스스로 선택할 때, '세상아, 네가 아무리 말려봐라. 나는 가고 싶은 길로 간다!' 식의 다소 억지스럽긴 해도 인생의 주도권만은 확실히 내가 쥔 기분을 생생하게 느낄 수 있다. 그걸 친구들도 다들 아는지, 묻지도 따지지도 궁금해 하지도 않았다.

걷고 나서 느낀 점은 이렇다. 하루는 어떻게 사느냐에 따라 진짜 길다. 하루를 이렇게나 야무지게 나노 단위로 나눠 쓸 수도 있다. 체력을 한 방울도 남김없이 쏟아내면 힘든 것보다 개운함이 크다. 몸도 마음도 상쾌하게 리셋 된다. 25킬로는 생각보다 꽤 긴 거리다.

돈까스는 무척 맛있었다. 하지만 설령 맛이 없었다 하더라도 그게 중요해 보이진 않았다. 걷기로 한 우리의 선택과 도착했을 때의 우리의 만족이 가장 중요했다. 살면서 하는 모든 선택의 기준을 오로지 나의 만족에 둔다면, 앞으로의 삶에서 내가 질 일은 하나도 없어 보였다.

처음 봤을 때 너무 웃기다고 생각한 사람.

볼수록 더 웃긴 사람.

이름을 떠올리면 웃음부터 나게 만드는 사람.

어떤 날에는 속상한 내 마음도 모르고 웃기려고만 하는 눈치 없는 사람.

밤새 술을 마셔도 할 얘기가 많은 사람.

노래방에서 제일 멋진 사람.

여름 바다로 가기 전날 밤에 우리만의 주제곡을 만들어 보내던 사람.

군대 가기 전에 본인이 쓴 편지를 녹음해서 주고 간 사람.

어디에서 무엇을 해도 과거보다 미래를 얘기할 수 있는 사람.

지금보다 더 이상 친해질 방법이 없는 사람.

나의 아픔과 기쁨을 모두 아는 사람.

그래서 이 사람.

대전에 '힘내라 동태찌개'라고 있었습니다. 기본 안주로 동태찌개가 나오는데 그거 하나면 소주 한 병 뚝딱입니다. 지금은 없어졌지만 아내와 저는 이십 대에 거의 힘내라 동태찌개, 줄여서 힘동에서 살다시피 하였습니다.

그때 나눈 이야기들은 대부분 기억이 안 납니다. 이십 대의 쓰잘머리 없는 고민과 걱정이었을 것입니다. 왜 쓰잘머리 없다고 했냐면 일어날 일이 아니니까요. 아무튼 그 많고 많은 노 쓸모 대화 중에 하나 기억나는 것은 아내의 꿈이었습니다.

사진작가가 되고 싶다고 했어요. 생각해보면 당시에 동태찌개가 끓고 있는 드럼통 테이블 위에는 항상 뭔지 모를 카메라가 올려져 있었거든요? 혼자 겁도 없이 서울까지 가서 사진 수업도 받고, 호주로 워킹 홀리데이를 떠날 때도 꾸역꾸역 무거운 카메라를 들고 나간 것을 보면 그때의 꿈은 진심이 맞습니다.

이십 대의 힘동 메이트와 결혼하여 본의 아니게 저와 사업까지 같이하면서 아들도 낳고 행복하게

지내지만, 아직도 사진 이야기만 나오면 눈빛이
초롱초롱하게 바뀌는 아내를 멋지다고 생각하며,
또한 깊이 존경합니다.

회사 업무로 은행에 가야 할 일이 있었다. 우리는 공동대표라 둘이 같이 가야 했다. 그런데 아무리 찾아도 내 신분증이 보이지 않았다. 주민등록증도, 운전면허증도, 여권도 없었다. 조급한 마음으로 여기저기를 뒤지는데 갑자기 눈물이 났다. 그간 쌓여 있던 스트레스와 고민, 애써 외면해온 불안 같은 것들이 신분증이라는 핑계를 대고 터져 나왔다. 정확히 어디가 힘들었는지는 설명할 수 없었다. 그저 그 순간에 내가 너무 싫었다.

은행으로 가는 차 안에서 어느 때보다 크게 울었다. 옆에서 아무 말 없이 운전을 하던 지훈이가 조용히 말했다.

"더 울어. 실컷."

그 말 덕분에 엉엉엉 더 울었다. 창밖의 날씨가 오늘따라 너무 완벽하고 차 안은 지나치게 고요해서 울음은 금방 그쳤다. 지훈이가 좋아하는 음악을 틀더니 말을 이었다.

"누구나 자기만의 파도는 있어. 그걸 어떻게 받아들이느냐가 중요해. 똑같은 상황에서도 어떤 사람은 충분히 여유롭게 지내고 어떤 사람은 하루 종일 전전긍긍하잖아. 손만 대도 터지는 사람이 있고, 아무리 맞아도 타격감 없는 사람도 있고.

전부 자기 태도의 문제인 것 같아. 완벽하지 않아도 되는데 너무 잘하고 싶어서 스트레스 받는 거야. 나는 하나도 안 완벽한데 스트레스도 안 받잖아. 그리고 아무리 짜증나도 나 자신이 싫다는 말은 하지 마."

그러더니 오른팔로 살짝 건들거리며 핸들을 잡고, 왼쪽 창문을 슬그머니 바라보며 혼잣말을 했다.

"와, 나 지금 좀 멋있었다."

스스로에게 반한 그의 귀여운 자아도취와 머쓱함을 풀어주는 위트가 좋아서 나는 그 순간만큼은 그의 말대로 아무리 맞아도 타격감 없는 천하태평한 사람이 되었다. 그리고 어느 때보다 느슨한 마음으로 뜨끈한 조수석 의자에 앉아 잠이 들었다.

고민은 햇살에 녹고, 걱정은 그의 말에 가볍게 훨훨 날아가 버렸다. 친구를 위로해주다가 스스로에게 반한 사람과 그 위로에 울다 웃으며 낮잠에 빠진 사람만이 남았다. 은행에서 돌아와 신분증을 새로 만들었다. 그러는 사이 그가 들려준 이야기들로 나의 마음도 새것이 되어 있었다.

아내에게,

결혼생활을 하면서 느낀 건데, 우리는 서로 맞는 게 별로 없는 것 같아. 너는 영화 〈만추〉를 좋아하고 나는 〈아이언맨〉을 좋아해. 너는 종이와 펜으로 글쓰기를 좋아하고, 나는 스마트폰 메모 어플을 쓰는 것을 좋아하지. 너는 공감을 좋아하고 나는 해결을 좋아하며, 너는 비냉 나는 물냉. MBTI는 너는 F고 나는 T잖아.

내 세계에서는 존재할 수 없는 사람과 7년 동안 함께 살고 있어. 나는 점점 내가 알던 세상만 맞다고 강요하지 않게 되었고, 너의 세상도 그 나름대로 매력이 있음을 알게 되었고, 너로 인해 결국 내 세계가 넓어지고 다채로워진다는 것이 너무 신이 나고 좋은 기분이 들어. 여전히 네 취향의 영화를 함께 볼 때는 파워 숙면을 하게 되지만, 오히려 좋아, 푹 자서 좋아.

널 만나고 나는 점점 편견이 없는 사람이 되어가. 고집불통의 딱딱한 사람에서 자유롭고 유연한 사람으로 바뀌고 있어. 정말 고마워. 너의 세상도 나처럼 편견 없는 세상이 되길 바랄게. 모든 것을 유연하게 바라볼 수 있는 근사한 사람이 되길 바랄게.
충전이 불편하다는 편견 또한 없는 사람이 되길
바랄게. 그래서 말인데, 전기차 사도 될까?

자유가 태어나고 지금까지 늘 행복하다. 그렇지만 지훈이와 요즘처럼 많이 싸우고 서로 서운해 했던 적도 없었다. 우리 모두 잠이 부족하고 공감과 인정이 고파서 그랬다. 일을 같이하는 사이라 더 그랬다. 너만 힘든 거 아니고 나도 힘들다는 말이 불쑥불쑥 튀어나왔다. 나의 수고를 모르는 것 같아서 자꾸만 서운해졌다. 육아는 업무처럼 결과물이 눈에 딱 보이지 않아서 더 그랬다. 모든 엄마가 그렇듯 나도 잠이 부족해서 늘 예민했다.

어느 날 그가 왜 이렇게 울상이냐고 생각 없이 툭 던진 말에 마음이 터져버렸다. 그날 우리는 크게 싸웠다. 서로 참아왔던 것을 쏟아내고, 미워하고 억울해 했다. 그런데 결국은 서로가 이해되고, 미안해지는 참 이상한 싸움이었다.

내가 바라는 건 헌신이다. 거창하고 무거운 말로 들리기도 하지만 내가 바라는 헌신은 '기꺼이'의 마음이다. 기꺼이 잠을 포기하고 새벽에 아이를 돌보는 것. 잘 모른다며 한 발을 뺀 채 서성이지 않고 적극적으로 한 팀이 되는 것. 그가 바라는 건

인정이다. 자신의 자리에서 최선을 다한 것에 대한 인정과 칭찬.

찌를 수도 막을 수도 없는 싸움이었지만 얻은 것이 많았다. 사랑을 열심히 말하는 만큼 서운한 것도 열심히 말해야 한다는 걸 배웠다.

요즘에는 그가 자유와 함께 잔다. 새벽에 몇 번씩 일어나는 생활을 며칠 해보더니 그동안 정말 많이 힘들었겠다는 말을 건네왔다. 그 한마디에 마음이 놀랍도록 깨끗해졌다. 행동이 함께하는 공감은 이렇게나 울림의 크기가 다르다.

우리는 이제 힘들다고 말하기 전에 서로에게 먼저 묻는다. 잠이 부족하진 않은지, 도와줄 건 없는지. 나름 우리만의 방법을 찾은 뒤 지금은 평화의 시절을 보내고 있다. 그는 더 이상 한 발 빼서 서성거리지 않고 나와 함께 한 팀으로 움직인다. 나는 작은 일에도 기쁜 마음으로 그에게 인정의 따봉을 보낸다.

앞으로도 서운한 일이 생기면 또 싸우고, 또 화해하고 그렇게 서로를 배우면 된다. '배우자'라는 말은 살아가며 서로를 잘 배우자는 뜻에서 만들어진 건 아닐까. 나를 배우자, 너를 배우자. 기꺼이 서로를 가장 잘 배우고 싶다.

기념일이 뭐가 중요하냐고, 하루하루 즐겁게 사는 게 더 의미 있는 거 아니겠냐고 아내의 생일날 말했다가 크게 다툰 적이 있다. 아내는 생일에는 값비싼 가방을 선물 받아서 행복한 게 아니라, 오직 한 사람에게만 풍덩 빠져서 보내는 너의 시간을 선물 받아서 행복한 거라고 했다.

그 말은 신선하게 충격적이었다. 누군가에겐 어떻게 되든 아무 상관없는 세계가 누군가에겐 가장 소중한 세계가 될 수도 있다는 걸 그날의 다툼에서부터 이해하기 시작했다.

오늘의 아내는 작년처럼, 5년 전처럼, 우리가 친구였던 고등학생 때처럼 (돌이켜보니 아내는 그때부터 생일에 진심이었다. 친구 사이에 생일이라고 왜 이렇게 잘해주지 하면서, 아 얘, 나를 좋아하네 하고 혼자 착각했을 정도다.) 여전히 자신의 하루를 나에게 남김없이 선물했다. 가장 크고 비싼 선물을 받았다.

매일 일기를 쓴다. 길게 쓸 때도 있고 한 줄, 한 단어만 쓸 때도 있다. 다이어리에 쓰기도 하고 휴대폰 메모장에 툭 써두기도 한다. 어떤 날에는 냅킨에 급하게 쓴 뒤 사진으로 찍어두기도 한다. 흐릿한 마음을 글자로 적다 보면 모든 게 선명해진다. 이유를 알 수 없는 뿌연 불안은 어느새 맑아지고, 어렴풋한 행복과 사랑은 더욱 또렷해진다.

일기 쓰는 시간은 나를 따뜻하게 데우는 시간, 내가 가진 문제를 스스로 해결할 수 있다는 걸 알아차리고 그런 나를 응원하는 시간이다. 자신감이 없는 날에는, 그러니까 내가 나를 잘 모르겠는 날에는 무엇이라도 쓰기 시작한다. 나를 잘 알기 위해 내 마음을 꺼내어보는 것이다. 그렇게 꺼낸 마음은 종이 위에서는 더 이상 흐릿하지 않다.

얼마 전부터는 밤에 쓰던 일기를 아침에 쓰기 시작했다. 밤의 일기는 지나간 오늘에 대한 것이지만, 아침의 일기는 다가올 오늘에 대해 쓰는 것이라 좋았다. 호흡을 고르고 하루를 시작할 수

있어 좋았다. 그래서 요즘엔 자주 아침에 일기를
쓴다. 종이를 넘겨 어제를 왼쪽으로 넘겨두고
오른쪽에서 넘어오는 오늘을 잘 맞이해본다.

5월 10일
우리는 물이야.
얼음이 될 수도 있고 바다가 될 수 있어.
비가 되어 쏟아질 수도 있고 강물처럼 조용히
흐를 수도 있지.
꼭 이래야 되고 저래야 되고 그런 건 없어.

6월 16일
오래된 복숭아처럼 마음이 무른 날에는 쉽게
누군가를 미워하게 돼.
너무 쉽게 아무 일에나 서운해져버려.
내 마음이 단단하고 쨍한 날에는 무엇이든 쉽게
좋아하고 너그러워지면서.
세상은 그대로인데 내 마음에 따라 사람들이
좋아지고 싫어지고 그러면 안 되잖아.
오늘은 내 마음 하나 제자리에 갖다 놓지 못한다.

11월 21일

〈배철수의 음악캠프〉에서 좋아하는 이야기.

헤프다는 말은 과잉에서 나왔다고 한다.

배고프다 보고프다 그런 '프다'들은 결핍에서 나왔지만, 유독 헤프다는 말은 과잉에서 나왔다고 한다. 헤프다는 말은 행동이나 말 따위를 삼가거나 아끼는 것 없이 마구 하는 것이라고 한다.

웃음이 헤프고 용서가 헤프고 사랑이 헤픈 사람이 되어야지. 웃음과 사랑이 내 안에 과잉되어 헤픈 사람이 되어야지.

오늘의 다짐. 마구마구 헤픈 사람이 되자!

2월 2일

작은 일탈과 노력이 오늘을 어제와는 조금 다르게 만든다.

결국은 바쁜 것이 아니라 내가 나를 덜 사랑한 것이다.

나를 사랑한다면 더 자주 산책을 하고 천천히 씻고, 새로운 음악을 들으며 힘들 때는 잠시 멈춰 심호흡도 해줘야 한다.

바쁘다 바쁘다 말만 하지 내가 나를 너무 조금만 아껴주었다.

행복해지는 방법은 나를 사랑하는 방법과 같은 말인지도 모른다.

짧은 일기를 매일매일 쌓아두고 미래의 내가 다시 읽는 장면을 상상해본다. 예전의 일기를 읽으면 그때도 분명 나였지만, 지금의 나는 훨씬 나다움을 느낀다. 그러니 매일 일기를 써야겠다. 오늘도 나이지만, 미래에는 더욱 나다울 나를 위해.

극한의 스케줄이었다. 같은 성 쓰는 나보다 어린 여자 사람의 결혼식과 그곳에서 부른 축가, 회사의 리모델링 공사, 신제품 출시, 팝업 행사 기획 등 당장 선택하지 않으면 안 될 일들이 폭풍처럼 몰아쳤다.

언제 하지 > 어떻게 하지 > 아무것도 안 하고 싶다, 로 이어지는 놀라운 전개에 나는 지치고 말았지만 별 수 있나 다 해야지. 하나하나 두고 보면 분명 신나고 즐거운 일인데, 모아두니 부담이 된다. 기꺼이 사랑하던 일을 사랑할 수 없게 되니 마음이 좀 아팠다.

그래서 그냥 멈추기로 했다. 가장 바쁜 시기에 가장 여유롭게 지내기로 하였다. 만사를 제쳐두고 나 먼저 보살피기로 했다. 3일을 내리 쉬며 놀았다. 드라이브하고, 책을 읽고, 음악을 듣고, 산책하고, 운동하고, 잠이나 푹 잤다. 구겨져 있던 마음이 점점 판판하게 펴졌다.

좋아하는 만화책의 구절이 있다. "0이 될 수 있는 용기도 멋진 용기다." 나는 그렇게 사흘간 제로가 되었고 후련한 마음으로 다시 오늘을 산다. 스위치를 끌 때는 용감하게 꺼야 한다. 그래야 다시 켠 불이 밝다.

나에게 창작은 거창한 예술이 아니라 그저 내 흔적을 남기는 일이다. 일기나 사진으로 다짐이나 응원을 적고, 그때의 계절채소로 새롭게 도전해본 요리에 대해 적는다. 그 모든 게 오늘의 나를 남겨두는 방법이고, 되고 싶은 나를 만드는 작은 연습이자, 일상을 귀엽고 즐겁게 만들기 위한 일이다. 그 과정에서 매일이 비슷한 듯 조금씩 달라지고 티가 안 날 정도로 아주 조금씩 세밀해지고 단단해져간다.

오늘의 창작생활은 수박주스와 여름 일기다. 수박주스를 맛있게 만들려면 반은 냉장, 반은 냉동이어야 한다. 그래야 밍밍하지 않고 주스보다 조금 더 슬러시 같은 완벽한 한여름의 맛이 만들어진다.

여름의 행복은 수박주스로 시작한다. 이렇게 거대한 세상에 내 행복은 너무 작고 시시하기만 하다. '소확행'이라는 말이 싫었던 적이 있다. 쉽게 행복을 느끼는 사람이라 오히려 그 말이 싫었던 것 같다. 아무것도 이루지 않아도 만족하는 사람처럼 느껴졌다. 성공도 성취도 없이 그저 작은 걸로 기뻐하는 내가 다른 이들에 비해 한참 작고 궁색해 보이기도 했다. 그 시절에는 속이 배배 꼬여서 어떤 단어에도 날카로웠던 것 같기도 하다. 행복에 대해 다들 잘 모르면서 그냥 얘기하는 건 아닐까 생각할 만큼.

모든 순간이 행복할 수는 없다. 누구나 자기만의 행복과 자기만의 불행이, 아무도 이해하지 못하는 절망이, 가까운 사람도 공감해줄 수 없는 나만의 절절함이 있는 것이다. 누구나 자기만의 세상에서 자기만의 방식으로 살아가니까.

남편이 쓴 태교일기에서 "아들아, 세상은 싱거운 것이다"라는 문장이 좋아 자주 떠올린다. 그 말은 슬픈 날에도, 기쁜 날에도 내 마음에 힘이 되어준다. 싱거운 세상은 내 진한 불행에 슬쩍 물을 타준다. 매일을 댄스음악처럼 살기보다 그냥 콧노래 부르듯이 살고 싶다.

양말이 어디 있나~ 오늘은 뭘 먹을까나~ 그렇게 싱거운 사람이 되고 싶다. 싱겁지 않은 완벽한

수박주스를 마시며 싱거운 세상에서 살고 싶다는 생각을 했다.

나는 안정이라는 게 정말 있는 줄 알았다. 바쁘게 살다 보면, 해야 할 일들을 하나씩 해치우다 보면, 어느 날 "아이고 오래 기다리셨습니다. 제가 바로 안정입니다" 하며 짠 하고 안정된 상태가 오는 줄 알았다.

하지만 엉킨 실타래를 아무리 계속 풀어봐도 나를 기다리는 것은 다음 할 일이지, 안정은 아니었다. 안정은 실타래의 끝에 가만히 매달려 있지 않았다.

안정은 오히려 친구네 집에 놀러 가는 길에, 처음 두는 장기판 위에, 모닥불 앞에서 매운 눈 비비며 나눴던 대화 속에, 매서운 바람을 기어이 뚫고 나간 서촌 골목길에, 박지성인 줄 알았다며 유쾌하게 웃는 서촌 고로케 사장님의 농담 속에, 아내의 가장 젊은 날을 남기는 내 아이폰 사진첩 안에 있었다.

안정은 네비게이션을 찍고 도착하면 거기 있는 게 아니고, 사실은 생활 중에 보란 듯이 널려 있었다.

주말이면 남편과 아들이 아침 산책을 나간다. 오늘은 둘이 마을버스를 타고 해방촌 언덕 밑에 있는 빵집에 다녀왔다. 연두색의 조그마한 미니버스를 타고 해방촌 가파른 언덕을 굽이굽이 달려 따뜻한 소금빵을 가슴에 품고 돌아왔다. 현관문 열리는 소리에 발을 동동 구르며 두 사람을 반겼다. 내 인생 최고의 유난스러운 호들갑이었다.

빨간 머리 앤처럼 창가에 앉아 턱을 괴고 '어른이 되면 어떤 모습일까' 상상하던 시절이 떠올랐다. 그 상상 속에는 오늘 같은 주말 아침의 모습도 있었다. 누군가를 반기고, 따뜻한 빵을 나눠 먹는 그런 장면. 어른의 시절은 어느 날 갑자기 늙은 얼굴로 찾아오는 게 아니라, 눈치채지 못할 만큼 천천히 매일에 스며드는 것이었다. 그날 내가 상상한 어른의 모습에선 아마 두 사람이 들고 온 소금빵 냄새가 났을지도 모른다.

쫄깃하고 짭짤한, 기분 좋은 탄력과 보드라움, 글자 그대로 소금빵 같은 아침이었다. 빵 봉투를

열며 생각했다. 작은 것에도 호들갑 떨며 살고 싶다. 작은 기쁨을 빵 반죽처럼 크게 부풀려서 살아가고 싶다. 그렇게 하루하루를 보내다 보면 매일 조금씩 스며드는 어른의 시절에 점점 익숙해질 수 있을 것 같다.

뭐든지 한 문장으로 말해드림

친구란?

힘들 때 놀리는 사이.

도전이란?

미룰수록 손해인 것.

인간관계란?

주고 싶으면 주고, 줬으면 안 바라는 것.

인생이란?

의외로 한 번뿐임.

자존감이란?

편견이 없는 사람.

행복하게 살기 위해 필요한 세 가지?

자존감, 사랑, 맥도날드 치즈버거.

불안을 떨쳐버리는 나만의 주문은?

앞구르고 뒷굴러도 일어날 일은 일어난다.

이지보이의 인생 목표는?

그런 게 없어도 행복한 삶.

긍정의 원천은?

내가 왜 재미없게 살아야 하지.

요즘 들어 한 시간 일찍 일어난다. 아침의 시간이 정말 좋아졌기 때문이다. 밤에는 할 수 없는 아침만의 상쾌한 일들이 있어서다. 그간 자느라 그냥 지나가버린 수많은 아침이 아깝게 느껴질 만큼 이 시간이 점점 좋아진다. 짧은 시간이라 대단한 일은 하지 못한다. 눈을 뜨고 천천히 기지개를 펴다가, 차를 마시고 오래 창밖을 보며 일기를 쓰는 정도.

그런데 이 짧은 시간이 밤에는 풀리지 않던 많은 것들을 정리해준다. '도대체 어떻게 해야 되지'였던 밤의 마음이 '이 정도면 훌륭하지'라는 아침의 마음으로 바뀐다. 나에게 햇볕을 내려주고 시작의 키를 내어주는 시간.

덜 복잡하게
덜 무겁게
덜 심각하게

일기를 쓰다 보면 어느새 마음이 그렇게 말한다.

좋아하는 것만 하자.
좋아하는 사람만 만나자.
그래 인생은 단순하고 쉬운 거야.

아내는 예나 지금이나 역사적으로 낮술을 사랑했다. 스무 살 무렵부터 낮술을 즐긴 아내는 술을 잘 못하는 나를 대신해 내 친구들과 더 자주 낮술을 즐기고는 했다. 그때는 물론이고 최근까지도 나에게 낮술은 재미있는 일이 아니었다. 어느 정도 시간 낭비라고도 생각하였다. 그러던 어느 날, 우연히 성시경 유튜브 〈먹을 텐데〉에서 들은 배우 하정우의 낮술에 대한 짧은 한마디가 나의 낮술관을 바꿔주었다. 그가 말했다. "낮술은 낭만적인 일이잖아."

이제야 모든 것이 설명되었다. 아내가 왜 그토록 낮술을 사랑했는지. 아내가 참 멋지다고 생각했다. 너는 스무 살 때부터 내내 낭만적인 사람이었구나. 그 길로 오늘 아내와 함께 낮술을 마셨고 나는 지금 행복하고 졸리다.

무엇이든 만드는 사람이 되고 싶었다. 한 편의 글을 만들고, 음식을 만들고, 사진으로 어떤 장면의 기억을 만드는 일. 세상에 꼭 필요한 건 아닐지라도 지금까지는 없었던 무언가를 짠 하고 만들어내는 순간, 조금은 새로운 내가 된 것 같아 좋았다.

우리는 모두 무언가를 만들면서 살아간다. 사랑을 만들고, 가족을 만들고, 집을 짓고, 꿈을 그린다. 매일 또 다른 나를 만들며 살아간다.

오늘 내가 만든 나를 가만히 들여다보며 잠에 든다. 내일은 더 나다운 나를 만들어가자.

자유에게

송민이
자유에게

다시 새로운 시작

 시험관 시술에 실패했다. 시작만 하면 당연히 될 거라 생각했다. 그래서 0점에 가까운 실패를 마주했을 때 생각보다 힘들었다. 마음을 다잡아도 긍정의 마음이 잘 생기질 않았다. 준비가 안 되었던 나에 대한 자책과 처음부터 다시 시작해야 한다는 두려움이 앞섰다.

 매일 맞는 주사도, 호르몬 조절이 안 되는 것도, 살이 찌는 것도 다 괜찮았다. 정말 힘든 건 '계속 실패하면 어떡하지' 하고 불쑥불쑥 올라오는 불안이었다. 시험관 성공에 정확한 방법이나 기준이 있는 게 아니니 막막하고 두려웠다. 자연스럽게 임신을 하는 사람들이 그저 부럽기만 했다.

막막함과 우울을 어떻게 풀어야 할지 몰랐다. 자책하고 원망하는 밤이 지나가고 가만히 창문을 바라보다 무작정 새로워지고 싶었다. 앞으로를 계속 우울하게 보낼 수는 없었다. 그날부터 남산에 오르기 시작했다.

어느 날은 혼자 몰래 울기도 했지만 대부분의 날들은 오늘도 해낸 나를 대견해 했다. 작은 성공을 매일 확인하며 예전과는 몸도 마음도 완전히 달라지고 싶었다. 어차피 가야 하는 길이라면 즐겁게 가고 싶어 불안과 걱정의 파도에서 멀어지도록 씩씩하게 달렸다.

남산타워가 있는 정상에 올라가 많은 걸 보았다. 사랑을 약속하는 자물쇠들, 구경 온 사람들, 언젠가 만날 아기와 배불뚝이가 된 나의 모습도.

과거와 현재, 미래로 쉼 없이 왔다 갔다 하면서 몇 번을 울다가 웃었다.

그렇게 100일이 지났을 쯤 나에게 반했다. 작은

불행에도 유난히 쉽게 흔들리는 내가 오직 나만을 위해서 즐겁게 산에 올랐다는 것이 기특해서 브이를 하며 사진도 찍었다. 곰은 100일 동안 햇빛을 보지 않고 사람이 되었고, 나는 100일 동안 산에 올라 새 사람이 되었다.

그렇게 다시 시험관 시술을 시작했다. 이번에는 어떤 결과여도 괜찮을 것 같았다. 마음이 달라지고 생활이 변하면서 삶이 단단해지고 있었다. 나를 사랑하고 나에게 관대해지면서 실패와 불안을 어느 정도 받아낼 수 있는 묵직한 힘이 생긴 것 같았다. 불안이 나를 뒤덮지 않도록 애썼던 시간. 그것만으로도 충분했다.

작은 눈사람

　9월, 병원에 가서 일정을 잡고 주사와 약을 받아왔다. 난자 채취부터 이식까지는 두 달 정도의 시간이 걸린다. 우리가 해야 할 일은 아침 8시 30분과 저녁 8시 30분, 매일 같은 시간에 주사를 맞는 것. 시작하기 전에는 걱정뿐이었는데 막상 시작하고 나니 오히려 마음이 고요하다. 주사는 배꼽 주변의 뱃살에 맞는다. 처음에는 내가 직접 해보다 어려워서 남편에게 부탁했다.

　몇 번은 긴장하더니 금세 익숙해진 남편은 "자~ 이제 주사 들어갑니다. 조금 아파요. 뿅~ 아이구 잘 맞았어요. 뱃살이 많아서 주사 놓기가 좋네요 뿅~"

하며 병원놀이 하듯 능청스럽게 웃으며 주사를
놓아준다.

   그의 이런 천부적인 태도와 말들이 나의 마음을
가볍게, 무서움을 아무것도 아니게 만든다. 두렵고
힘든 싸움이 아니라 아기를 만나러 가는 여행으로
느끼게 해주어 고마웠다. 아침에 뽕~ 저녁에 뽕~
우리는 용감하고 즐겁게 그 시간을 보냈다.

   밖에서 약속이 있는 날에는 주사와 알코올 솜을
따로 챙겨가 화장실에서 맞기도 했다. 그런 날에도
어김없이 그는 말했다. "밖에서 주사 맞느라 고생이
많아요~ 잘될 거예요 뽕~" 그러면 나는 어김없이
또 웃었다. 하트 뽕뽕처럼 주사뽕뽕, 우정도 사랑도
애틋함도 쌓여갔다.

   한 달이 지나고 이식하는 날. 우리는 손을 꼭
잡고 병원으로 갔다. 실패해도 괜찮다고 다음에 또
하면 된다고 서로를 다독이며 씩씩하게 병원으로
걸어가던 길. 그날은 '함께'라는 말이 가장 어울리던
시간이었다. 수술복을 입고 침대에 누웠다. 천장을
멀뚱멀뚱 보다가 지금의 내 모습을 한 장 찍었다.

아마 나보다 더 긴장하고 있을 밖에서 기다리는
남편에게 사진을 보냈다. 무슨 말을 덧붙일까
고민하다 '출발'이라고 써서 보냈다. 곧 수술방으로
출발한다고, 우리도 이제 부모의 삶으로 출발한다는
뜻이었다.

   선생님께서 이식할 배아를 보여주셨다.
동글동글 예쁘게 생긴 눈사람 모양의 배아였다.
어렸을 적 스케치북에 두 개의 동그라미로
그렸던 바로 그 모양이었다. 이렇게 작고 귀여운
눈사람이 우리의 아기라니. 지금까지 느껴본 적
없는 신비로움이었다. 작은 눈사람이 스르륵
녹아버릴까 소중히 품고 집으로 돌아왔다.
행복하기도 뭉클하기도 막연히 걱정스럽기도 한
복잡한 마음이었는데, 남편이 편지를 주었다. 아까
내 사진을 보고 울었다고 했다. 앞으로 가장 좋은
남편이자 친구가, 그리고 아빠가 되겠다는 편지의
끝인사가 이번에는 나를 울렸다.

   일주일 뒤 우리는 정말로 셋이 되었다. 며칠

전보다 커졌을 눈사람처럼 우리라는 동그라미도 조금씩 커져간다. 작은 눈사람과 함께 우리의 인생은 이제 셋의 삶으로 달려가고 있었다.

우리의 시절을 마음껏 사랑하는 날들

 엄마가 되었다. 딸과 아내, 언니와 며느리 말고 새로운 타이틀이 생긴 것이다. 임산부가 되면 삶의 모든 것이 바뀔 거라고 막연하게 걱정했다. 하면 안 되는 것, 할 수 없는 것, 불편한 것들이 먼저 떠올랐다. 삶에 정지선이 생긴다고 지레 겁먹었다.
 그런데 임신을 해서 생긴 삶의 변화가 이상할 정도로 즐겁게 느껴진다. 볼록하게 나온 배도, 좋아하던 음식이 싫어진 것도, 갑자기 오르락내리락하는 감정 기복도 그저 귀엽다. 길고 긴 인생에서 지금 이 순간에만 느낄 수 있는 특별함이니까.

시간이 지나면 더 잘 알게 될 것이다. 지금이 얼마나 황홀한 시절인지, 얼마나 사랑만이 가득한 매일인지. 그래서 배를 내밀어 사진도 찍어보고 하루가 다르게 커지는 배를 자주 만져보기도 한다. 이런 신비로운 시간 한가운데 살아가는 것에 다시 한번 뭉클해 하며.

언니, 임신해서 행복해?

어느 날 동생이 물었고, 나는 답했다.

당연하지, 세상 사람들 모두가 나에게 다정하잖아.
이런 일이 또 어딨어. 내가 나한테 이렇게 살가웠던 적도 처음이고!
배 불러오는 것도 참 신기하고
이렇게 행복하게 살찔 수 있다는 것도 너무 좋아!

그동안 나를 다정하게 대해주지 못했다. 피곤하고 힘들어도 어떻게든 주어진 일을 다 끝내야만 하는 성격이었다. 멍청한 책임감으로 몸이 버거워 지치는 날이 많았다. 그런데 임신을 하고 나니 내가 나에게 무척 다정하다. 가장 달라진 점은 스스로 몸과 마음을 살뜰히 아껴주며 보살핀다는 것이다. 평소와 다름없이 친구들과 한강에 가고, 평소와 다르게 고요함과 충만함에 푹 빠져 있기도 한다. 살이 많이 쪘어도 있는 모습 그대로 나를 좋아해주는 것도 잊지 않는다.

불편한 변화도 지금만의 특별함으로 여기며 지내고 있다. 커다란 안정감과 우리라는 든든한 언덕에 기대어 있다. 나의 몸과 마음을, 뱃속의 아기를, 우리의 특별한 시절을 마음껏 사랑하는 날들이다. 불어오는 바람에 휘날리며 허공을 떠다니던 삶에서 사뿐히 내려와 두 발을 땅에 단단히 붙이고 서 있는 것만 같았다.

시시하고 위대한 매일

임신 29주의 어느 날. 며칠 뒤면 30주가 된다고 우리는 평소보다 들떠 있었다. 앞자리 수가 2에서 3으로 바뀌는 건 커다란 안심이자 그만큼의 설렘이었다. 엉성하게 그려가던 '엄마'라는 단어가 30이라는 숫자 덕분에 점점 더 선명해지고 있었다.

그러다 갑자기 낯선 이름의 병으로 아프기 시작했다. 감기나 장염처럼 많이 들어본 병명이 아니라, 존재하는지도 몰랐던 이름인 불명열. 한겨울 바닷물에 빠진 것처럼 살갗이 바들바들 떨리는 오한이 찾아오고, 곧바로 40도의 고열이 시작된다. 해열제를 맞고 열이 내리면 식은땀이

주룩주룩 흘러 침대까지 다 젖었다. 그리고 또다시 오한이 시작된다.

 오한, 고열, 식은땀 한 세트가 쉴 새 없이 반복된다. 추워서 덜덜 떨다가 더워서 식은땀에 푹 젖었다가, 이쪽에서 저쪽으로 몸의 극단적 변화에 끌려다녔다. 병원에서는 원인을 알 수 없다고 했다. 정확한 병명도 모르고 이유도 모르고 어느 하나 뚜렷한 것이 없었다. 임산부라서 적극적인 검사도 할 수 없고 약도 먹을 수 없었다. 아기는 겨우 1킬로그램으로 아직 너무 작고 어려 조산을 생각하는 것도 쉽지 않았다. 괜찮을 거라는 말에도 걱정이 한 번 시작되면 잠들기도 어려웠다. 아픔은 누구에게나 일어날 수 있다는 걸 알지만, 내 일로는 생각해본 적이 없어 그저 희미한 두려움만 일었다. 충분히 알 것 같으면서도 사실은 아예 모르는 일이었던 것이다.

 그렇게 원인을 알 수 없는 고열로 두 달을 보냈다. 이유를 모른다는 말처럼 무기력한 일도 없다. 할 수 있는 것이 없다고 들리기 때문이다. 지독하게 아팠다는 표현으로만 기억되는 날들이었다. 병원 침대에 누워 있으면 길 건너 노래방에서는 누군가 신나게 노래를 부른다. 보름달이 환한 밤. 나는 보름달을 보며 아픈 밤이 얼른 지나가고 새로운 아침이 오길 기도하지만, 노래방에서 신나는 시간을 보내는 사람들은 아름다운 보름달의 밤이 계속되길 바라겠지. 똑같은 시간을 이렇게 다르게 보낸다. 그동안 나도 누군가에게는 다른 보름달 아래 있는 사람처럼 보였을지도 모르겠다.

젊은 날엔 젊음을 모르고 사랑할 땐 사랑이 보이지 않는다는 〈언젠가는〉이라는 노래 가사처럼 건강할 땐 건강이 느껴지지 않는 것일까. 그동안 얼마나 눈부시고 아름답게 지냈는지 그 안에서는 하나도 보이지 않았던 것이다. 꼭 이렇게 잠깐 잃어봐야 안다. 나에게 주어진 모든 것이 얼마나 충분했었는지.

잠시 열이 멈춰 퇴원을 하기로 했다. 라디오에서 흘러나오는 〈보라빛 향기〉가 평소보다 아름답게

들렸다. 뱃속 아기의 움직임은 유난히 기특했고
길가의 모르는 사람들마저도 그저 반가웠다.

   언제나 우리 웃을 수 있는
   아름다운 얘기들을 만들어가요

   노래의 본격 후렴구가 나오기 전 이 부분이 특히
좋았다. 인생의 하이라이트를 기다리며 우리가
함께하는 다짐 같기도 했다. 아름다운 얘기들을
만들어가자고, 크게 따라 불렀다. 오늘을 추억하게
될 미래를 용감하게 믿으며.
   지금을 사는 것에 더욱 진심이 되기를
   아침 출근길도, 점심시간의 커피도
   저녁의 산책도 당연하게 여기지 말기를.
   별일 없는 시시한 날이 얼마나 위대한 것인지
우리는 몇 번이고 이야기했다.

마침내 자유를 만나며

　29주에 시작된 병원생활이 벌써 35주째가 되었다. 열이 나는 것도, 원인을 모르는 것도, 아무것도 달라진 것은 없지만 우리는 묵묵히 앞으로 달려가고 있다. 시간이 어느 때보다 빠르게 흐르길 바라며 매일을 보낸다.
　시간이 지날수록 체력이 많이 떨어지고 있다. 아팠던 동안에 살이 10킬로그램이나 빠졌다. 얼굴이 수척해졌고 마음도 그만큼 야위었음이 느껴졌다. 만삭이어야 할 배는 아직도 많이 작다. 양수가 부족하고 아기도 작은 편이라고 했다. 물도 음식도 많이 먹어보려 하지만 계속 나는 열 때문에 쉽지가 않다.

  아기가 조금 더 자라서 만났으면 좋겠다는 생각에 한 주만 더 버텨보려 했는데 오늘도 하루 종일 열이 났다. 선생님은 아기도 힘들 거라고 당장 수술을 하자고 했다. 누구의 잘못도 아니란 걸 알지만 자꾸만 내 탓을 하게 된다. 자유는 태어나면 바로 신생아 중환자실로 가야 하고 코로나 때문에 꽤 오랜 시간 동안 안아볼 수도 없다.

  하지만 괜찮다. 아기가 건강하게 태어나기만 한다면 아무래도 괜찮다. 병원에 입원해서 지금까지 한 번도 울지 않았다. 병실에는 나처럼 아픈 산모들이 모두들 저마다의 이유로 지금을 견디고 있었기 때문에 눈물을 참았고, 남편을 만나면 나도 모르게 눈물이 삼켜졌다.

  오늘은 다행히 병실에 아무도 없었다. 아이와 한 몸으로 보내는 마지막 밤, 펑펑 울었다. 한 가지 마음으로는 설명할 수 없는 백 가지 많은 마음에 자꾸만 울었다. 자유는 분명 건강할 테니까 얼른 너 아픈 거 치료해야 된다고 걱정하는 엄마의 문자메시지를 읽다가, 남편이 자유에게 쓴 편지를 읽다가 울었다. 그러다 뱃속에서 느껴지는 아기의 움직임에 안심해서 울고 다시 시작되는 고열에 아파서 또 울었다.

  아무도 없는 병실에서 이불을 뒤집어쓰고 속 시원하게 울었다. 마음이 개운해지기까지 했다. 내일이면 우리 아기를 만나는구나. 12시가 넘은 시간을 보며 이제 내일이 아니라 오늘이구나 생각하며 조금 설레기도 했다.

  사랑하는 내 아들 자유야, 내일이면 너를 만나는구나.

  조금 일찍 나오는 네 걱정에 엄마는 잠을 못 이루고 있지만, 미안한데 아빠는 하나도 걱정이 안 된다. 너는 분명 강하고 씩씩할 거야. 너는 내일 세상에서 가장 작은 사람이면서 또한 가장 큰 희망을 지닌 사람일 거야. 아빠의 바람이 아니고 확신이야. 의심이 되지 않는다. 네가 우리의 희망이 될 것이라는 것에. 엄마 뱃속에서의 마지막 밤 푹 자고 내일 보자 아들.

엄마 뱃속에서의 마지막 밤이라니. 남편의 편지 속 그 문장에 오늘 밤의 짙은 무서움이 조금 옅어졌다. 긴 여행의 마지막 날이다.

자유의 날

7월 5일 7:00 AM

예정일보다 일찍 아기를 만나기로 했다. 한 달이나 일찍 만나게 될 줄도, 이렇게 갑자기 만나게 될 줄도 몰랐다. 출산을 몇 시간 앞둔 지금도 눈치 없게 고열이 나고 있으니 아무리 굳게 마음을 먹어도 무서움이 사라지지 않는다. 두려움의 크기는 설명할 수 없을 만큼이지만, 반대로 기다렸던 아기를 만나는 설렘의 크기도 표현할 수 없을 만큼이다.

내가 할 수 있는 일은 의연한 마음으로 자유를 기다리는 일이다. 무겁게 붙잡는 불안한 마음은 이쪽에 버려두고 가벼운 몸으로 자유를 향해 달려가는 일. 둥실둥실 떠올라 지금을 저 위에서 바라보는 일. 언제나 그랬듯 잘 끝내고 즐겁게 웃을 것이다.

7월 5일 11:59 AM

남편에게 잘 하고 올게, 인사를 하고 수술방으로 들어갔다. 드디어 그토록 기다렸던 순간이다.

자, 이제 아기 꺼냅니다.

선생님의 말씀에 모든 신경이 또렷해졌다. 아기를 배 밖으로 꺼내자 온몸이 흔들렸다. 마취 기운에 현실감각도 없었지만, "자유야 엄마 여기 있어" 하고 나도 모르게 그렇게 말했다.

11시 59분, 1.8킬로그램의 작은 몸으로 우리의 아기가 태어났다. 드디어 자유를 만난 것이다. 세상에 잘 도착했다고, 나 여기 있다고 씩씩한 울음으로 알려주었다. 자유의 울음소리를 들으니 웃음이 났다. 어젯밤의 눈물도, 그동안의 무서움도 아픔도, 하나도 기억나지 않았다. 아주 작지만 스스로 호흡도 잘 하고 건강하다고 했다. 마취에서 깨어나 보니 꿈을 꾼 것 같았다. 잠깐 본 아기의 얼굴과 울음소리도 전부 꿈같았다. 눈이 빨개진 남편과 쑥 꺼진 배를 만지며 안도를 느꼈다. 자유가 건강하게 태어난 것이, 우리가 무사히 세 가족이 된 것이 믿어졌다.

 자유야, 무사히 이 세상에 온 걸 축하해!

자유라는 아름답고 눈부신 계절

 엄마 뱃속에서 잘 지내준 자유야 고마워. 엄마와 아빠도 그리고 우리 자유도 힘든 시간을 잘 보냈구나. 우리 세 가족은 각자의 자리에서 모두 용감했네. 우리는 앞으로 얼마나 자유로운 날들을 함께 보내게 될까.

 지금까지 살면서 가장 힘이 센 마음을 가졌던 것 같아. 알 수 없는 힘이 생겨서 어떤 때보다 씩씩하게 지냈어. 세상 무엇보다 우리 가족을 사랑하고 자유를 사랑했단다. 마음에 스르륵 힘이 풀어지면 다시 마음을 단단하게 만지며 너를 기다렸어.

 그 시간들을 떠올리면 엄마가 살면서 겪은

지금까지의 고민들은 전부 별것도 아니었구나 느껴지기도 해. 두 달 동안 보낸 꿈같던 시간이 어쩌면 진짜 꿈이었을지도 모르겠어. 무서운 꿈이었는데, 이제 마침내 아침이라서 무서운 꿈은 지난밤과 함께 전부 지나가 버렸어.

 이런 아침을 맞을 수 있어서 세상의 모든 것에 감사하게 된다. 서른 밤을 자유가 병원에 혼자 있는 게 속상해서, 자유가 너무 작고 말라서 눈물이 나지만 사실은 자유가 이 세상에 있다는 것만으로도 충분해. 오늘은 살이 10그램이 쪘다는데 그게 좋아서 하루 종일 웃었어. 자유 나름대로 계속해서 자유의 삶을 살아가고 있다는 게 좋아서 자꾸 웃음이 나더라고.

 이제 자유라는 단어를 보면 너를 떠올려. 언제 어디서든 자유라는 글자가 사랑으로 읽혀. 엄마의 인생이 달라졌다는 거겠지. 자유야, 어느 날 창문을 열면 어제와는 완벽히 다른 온도의 바람이 느껴질 때가 있어. 봄이 시작되려나 보다, 이제 가을이 끝나가네, 그렇게 엄마는 바람으로 새로운 계절을 느껴.

  그런 엄마의 인생에 너의 따뜻한 바람이 불어 하루아침에 새로운 계절이 되었어. 이 계절은 자유라는 아주 아름답고 눈부신 계절이야. 이 계절에서 엄마 즐겁게 살아갈게. 자유도 너의 모습 그대로 즐겁게 살아갔으면 좋겠다. 엄마는 네가 힘들 때 너무 가까이도 너무 멀지도 않게 늘 곁에 있을게.

  자유의 이름처럼 앞으로 살아갈 너의 모든 날들이 자유롭기를. 무엇이든 자유롭게 하고 또 무엇이든 자유롭게 하지 말기를. 잊지 마, 넌 언제나 지금 이대로 충분하다는 걸. 사랑하고 사랑해. 아빠와 함께 사랑과 자유를 보낸다!

초보의 마음

 엄마의 하루하루는 손에 잡히지 않게 빨리 지나가기도 하지만 어떤 하루는 멈춰 있는 것처럼 느껴지기도 한다. 우리는 모든 것의 처음을 같이하고 있다. 아기는 매일 모든 것이 처음, 우리도 부모가 처음. 왜 우는지 몰라 답답해서 우는 날도 많지만 대부분의 날은 사랑하고 고마워서 운다. 행복해서 눈물이 나는 시절이 살면서 몇 번이나 될까. 그러니 이 시절을 손에 더욱 바짝 움켜쥐며 지내야겠다고 다짐한다.

 힘든 하루도 자주 찾아온다. 아기를 사랑하는 마음과는 전혀 다른 새로운 마음 때문이다.

아기를 사랑하고 아기와 함께 있고 싶은 마음과,
실컷 자고 싶고 친구도 만나고 싶은 마음이 모두
한곳에서 만나 그렇다. 모든 걸 가질 수 없는 것은
당연한데 엄마가 처음이라 새로운 역할과 책임감이
기쁘면서도 무거워서 그렇다.

 일상은 당연하게도 많이 바뀌었다. 그렇지만
많은 순간이 아기를 만나기 전과 비슷하다. 어떠한
순간에도 나는 결국 나이기 때문이다. 나의
방식으로 아이를 대하고 우리의 삶을 생각하려고
한다.
 매일 모자란 잠과 어쩔 수 없이 포기해야
하는 자유로운 생활도 어느 정도 받아들여야
한다. 새로운 가족이 생긴 만큼 새로운 세상이
시작되었으니까. 예전에는 느낄 수 없었던 기쁨과
행복을 누리려면 나도 얼마만큼은 내어주어야
한다. 모든 일이 그렇듯 육아도 마찬가지다. 그래서
기쁘게 포기하고 기쁘게 다른 방법을 생각해낸다.
 침대 커버를 산뜻한 하늘색 스트라이프 패턴으로
바꾸고 연두색 꽃무늬 잠옷을 샀다. 매일 밤에

하나씩 마시려고 맥주도 종류별로 사다 두고, 동네 목욕탕에 가서 세신도 받았다. 아기가 자는 시간에 의미 없이 보던 휴대폰 때문에 작은 우울이 큰 우울이 될 뻔해서, 읽고 싶던 책도 몇 권 주문했다. 어떤 날에는 조금 무리해서 잠 대신에 드라마를 밤새 보기도 한다. 행복한 눈물만 매일 흘리기 위해 나만의 방식을 열심히 찾고 있다.

 언젠가 이 우당탕탕 초보 엄마의 이름표를 떼고 아기가 엄마보다 친구들을 더 좋아할 즈음이 되면 젊고 실수투성이인 우리를, 또 다른 의미의 청춘인 지금을 자주 떠올릴 것 같다. 그러니 미래의 내가 그리워할 지금의 나로서 충실히 잘 살아가려고 한다.

 잘 몰라서 서툴고 처음이라 우왕좌왕하는 모습도 육아에서만큼은 아름답게 느껴진다. 초보의 마음이 좋다. 전부 사랑에서 시작되는 것이기에.

세모 모양

 아기가 이유식을 시작하고 뒤집기를 하는 동안
우와 언제 이렇게 큰 거야! 감탄하면서도 정작
우리가 부모로서 자라나는 건 보지 못했다. 자신의
성장은 스스로에게는 잘 보이지 않으니까.
 아이 울음의 종류를 알게 되고 아이의 마음을
조금씩 알아차리게 되는 것은 부모로서의 걸음마나
달리기 같은 것이다. 아기만큼이나 우리 역시
자라나고 단단해지는 과정. 어느 순간 갑자기
우리가 셋이 된 것 같지만 얼마나 오랜 시간
마음 졸이며 지금을 기다렸던가. 사랑하는 우리
가족이라고 말할 때면 사랑한다는 뻔한 표현이 늘

아쉽다.

  나와 남편에게 아기라는 점이 생겨 우리는 세모 모양이 되었다. 예쁜 세모 모양 안에서 우리는 함께 둥글게 둥글게 지낸다. 어느 하루도 빠짐없이 아름다운 시간이라고, 매일매일을 꼭 기억하라고 미래의 내가 말해주는 것 같았다.

지훈이
자유에게

8주 5일

하이 자유!
아빠는 요즘 〈스파이더맨〉의 피터 찌리릿처럼 민감한 사람이 되어가. 둔감의 신이었던 아빠가 변해가는 이유는 아무래도 엄마 때문인 것 같아.
아빠는 요즘 하루 종일 엄마를 살펴. 밥은 잘 먹는지, 속은 괜찮은지, 잠은 잘 자는지, 갑자기 넘어지진 않는지. 가끔은 엄마가 귀찮아 할 정도로 아빠 마음이 엄마만 졸졸 따라다녀.

아빠가 왜 그러냐면 엄마의 마음이 좋고 편안하기를 바라서야. 엄마가 자려고 누웠을 때,

아무것도 걸리는 게 없기를 바라서야. 엄마의 행복이 자유에게도 똑같이 전해지길 바라서야.

달라진 아빠의 모습에 엄마도 문득문득 놀라. 그렇지만 누구보다 놀라는 사람은 아빠 자신이란다.

세상 사람들은 사람은 변하지 않는 법이라고 말하지만, 아빠는 반대다. 아빠는 엄마를 만나고 바뀌었고, 너를 만나고 또 바뀌었어. 아빠가 생각해도 아빠는 점점 괜찮아지는 것 같다. 엄마가 뭐길래 네가 뭐길래, 또 사랑은 뭐길래 세상 모두가 안 된다고 고개를 젓는 일을 아빠가 해낸다.

사랑하는 자유야, 아빠를 보고 배워. 사랑이 이렇게 중요하다는 것을. 사랑만 있으면 뭐든 할 수 있고 될 수 있다는 것을. 인생에는 여러 가지 소중한 게 있지만, 하나만 가질 수 있다면 주저 없이 사랑을 선택해야 한다는 것을.

미리 말하는데 아빠가 돈은 별로 없다. 대신 사랑은 넘쳐나니까 많이 줄게.

사랑과 자유를 보낸다!

9주 3일

하이 자유!

자유는 시험관을 통해 엄마 아빠와 만나게 되었어.
엄마의 친구가 시험관 시술로 아이를 만나는 걸
보고서 엄마 아빠도 얼떨결에 시작하게 되었지.
처음에는 뭣 모르고 아무런 준비도 하지 않았어.
당연히 될 줄 알고 자신만만해 하다가 보기 좋게
실패했지.

실패했다는 이야기를 들은 날은 4월 10일이었고,
엄마 아빠는 4월 11일부터 남산에 올랐어. 건강을
위함이 첫 번째 이유였고, 설령 이미 건강하더라도
더욱 건강한 상태로 자유를 만나고 싶어서가 두 번째

이유였어. 최고의 몸과 마음을 자유에게 물려주고 싶었어.

그날 이후 엄마는 180일 동안 남산을 오르고, 90일 동안 주사를 맞았어. 아빠는 엄마만큼 대단하진 못해서 140일 동안 운동을 했어. 그리고 끝내 자유를 만났어. 살면서 겪었던 모든 기쁨의 순간을 합쳐도 자유를 만난 날의 기쁨의 크기와 비교할 수는 없었다.

어제는 엄마가 병원을 졸업했어. 선생님은 자유가 너무 잘 크고 있다며, 더 이상 병원에 올 필요가 없다고 하셨어. 아빠는 그 말을 듣고, 멋지게 해내준 엄마와 건강하게 잘 자라준 자유가 너무 고마웠어. 사랑하는 둘에게 가장 안전하고 편안한 요새 같은 사람이 되겠다고, 새로운 다짐을 저절로 하게 되더라.

아빠는 이제 그만해도 되지만 운동을 계속하기로 했다. 오히려 더욱더 열심히 하려 해. 든든한 요새는 건강한 신체에서 나오는 법이니까. 살다 보면 기쁘다가 슬프기도 하고, 힘이 나다가도 지치기도 할 거야. 누구나 그렇듯 자유도 오르락내리락하겠지. 그때 좀 쉬려거든 아빠한테 와. 다른 거 다 변해도 아빠 요새는 안 변하니까.

사랑과 자유를 보낸다!

10주 6일

하이 자유!

내일이면 대망의 11주 0일이 돼. 시간이 느리면서 빨라. 자유를 언제 만나나 생각하면 까마득한데, 엄마가 자유가 생겼다고 고백한 날을 생각하면 또 빨라.

생각하면 기다리기 힘들어서 현기증 나니까 아빠는 그냥 하루하루를 엄마랑 자유랑 즐겁게만 지내려 한다. 아빠는 스무 살 무렵부터 매일을 즐겁게 보내야 평생의 후회가 없다고 생각하며 살았어. 그래서 그런지 아빠는 후회가 별로 없다. 그럴 시간에 내일을 더 재밌게 살 생각을 해. 이 대책 없는 모습에 엄마가 반했지. 아, 물론 아빠 생각이야.

아빠랑 같이 아빠처럼 살자. 세상에는 뛸 듯이 기쁜 일이나 가슴 찢어지는 슬픈 일이랄 게 별로 없더라. 마음이 만드는 파도가 커 보일 뿐이지, 네 생각보다 파도는 높지도 낮지도 않아. 설령 너무 큰 파도가 칠 땐 지나가길 기다리면 돼. 당장에는 안 지나갈 것 같겠지만, 아빠는 그런 파도는 한 번도 못 봤다.
아무것도 무서워하지 말고 너의 하루를 재미있게 살아. 장담하는데 네가 태어나서 할 일은 그것뿐이야. 아빠는 여전히 그렇게 사는데 별일 없이 잘 살아서 확신할 수 있는 거야.

사랑과 자유를 보낸다!

11주 5일

엄마랑 아빠는 요즘 하루 종일 붙어 다녀. 게다가 공교롭게도 같은 옷을 입고 다니는 날이 많아. 그런 날에는 아빠는 꼭 사진을 찍어 남겨둔다. 엄마랑 아빠가 무언가로 연결되어 있다는 착각을 하면서, 혼자 실실 웃으면서. 이러한 교감에 애착하는 아빠로서는 우리 자유와 같은 옷을 입을 날이 벌써부터 기대가 된다. 엄마랑 아빠는 옷을 만드는 사람이거든. 자유의 옷은 세상에서 제일 좋게 아빠가 다 만들어줄 거야.

사랑과 자유를 보낸다!

12주 2일

12주가 되니까 거짓말처럼 엄마의 컨디션이 좀 좋아졌어. 물론 아직 입덧이 심하지만 그래도 아빠는 이때다 싶어 엄마랑 밖으로 나왔다.

미루던 차 수리를 하고서 엄마를 태우고 여기저기 돌아다녔어. 일단 우리 자유는 당연히 잘 있겠지만 습관적으로 자유가 또 보고 싶어서 병원에 들렀다가, 이촌동에 가서 선글라스를 사고, 망원동에 가서 시장을 구경하고, 서촌에 가서 삼계탕을 먹고, 밤이 되어서야 집에 왔다.

엄마는 가끔씩 머리를 뒤로 젖혀가며 졸기도 했지만, 오랜만의 외출이 신이 났는지 대체로 내내 행복해 보였어. 엄마는 이제부터 운동도 조금 해도 되고, 할 수 있는 것이 많아졌어. 아빠가 졸졸 따라다니면서 다 하게 해줄 거야. 자유를 품고 있는 동안 아무것도 모자라지 않도록 아빠가 다 알아보고 다 앞장서고 다 차려줄 거야.

아빠는 자유를 만나서 너무 기쁘지만 언제나 엄마가 먼저다. 아빠는 자유에게 아무것도 요구하지 않기로 했지만, 언제나 엄마가 먼저라는 것 하나는 꼭 가르쳐줄 거다.

엄마는 아빠를 만들었고, 자유를 낳았다.
그러니까 너랑 나는 엄마에게 평생 빚이 있는 거야.

사랑과 자유를 보낸다!

13주 2일

엄마가 자유를 보살피고 있는 동안 아빠가 할 일은 뭘까 고민했어.

아빠는 엄마에게 뭔가를 해주기보다 불편한 것을 없애주기로 했다. 엄마의 스트레스가 단 하나도 없게 해줘보기로 마음먹었어.

아빠는 엄마의 고민에 '아, 그랬구나. 많이 힘들었겠네'라고 공감할 줄 아는 사람은 못 되지만, 엄마의 고민이 고민이 되지 않게 만들어줄 수는 있어.

오늘은 그중 하나인 회사 주변 청소를 하고 왔어. 매일 지나다니며 해야지 해야지 했지만, 엄두가 안 나서 못했던 일인데 엄마는 이게 많이 신경 쓰였나

봐. (물론 아빠는 신경이 안 쓰였다.) 그래서 후딱 가서 하고, 엄마한테 칭찬받고 싶어서 사진을 보냈다. 엄마가 속이 시원하다면서 되게 좋아했어. 이렇게 좋아할 줄 알았으면 진작 할걸 그랬어.

아빠는 이렇게 엄마의 불편 하나를 없앴다. 그리고 잘 못하는 공감 대신 잘하는 관찰을 계속하고 있어.
 엄마의 근심을 하나하나 없애서 자유가 태어날 때쯤엔 걸리는 게 아무것도 없게 할 거야. 너와의 만남을 온전히 기뻐할 수 있도록.
 아빠는 엄마를 노 스트레스 엄마로 만들 거고, 이 의지는 너에게도 마찬가지다. 아빠는 우리 가족의 해결사가 될 거야. 엄마와 자유는 행복하기만 하면 돼. 아빠는 이런 책임감을 즐기니까 부담 갖진 말고.

사랑과 자유를 보낸다!

14주 4일

 엄마는 꿈이 많은 사람이야. 사진 작가가 꿈이었고, 드라마 작가도 하고 싶었고, 책을 쓰는 사람, 싱어송라이터도 그중 하나였어.
 어느 하나 뾰족하게 이룬 것은 없지만, 대신 엄마는 늘 꿈을 꾸며 살아. 아빠는 그게 더 아름답다고 생각해.

 사랑하는 나의 자유야. 사람들은 그래. 아이가 태어나면 많은 것을 포기해야 한다고. 하지만 아빠는 아니야. 아빠는 아무것도 포기하지 않을 거고, 엄마 또한 계속 꿈꾸며 살도록 만들 것이며, 너에게 꿈이란

뭐가 좀 곤란하다고 쉽게 그만둬버리는 것이 아님을 말 대신 행동으로 가르쳐줄 거야.

아빠는 실없는 소리를 자주 하지만, 한다고 한 것은 반드시 하기도 한다. 첫사랑이었던 엄마와 기어코 결혼한 것도 그중 하나다.

사랑과 자유와 꿈을 보낸다!

15주 5일

 사랑하는 나의 자유야,
 너는 아들이구나. 아빠는 사실 친구들의 말을 철석같이 믿고 지금까지 네가 딸인 줄 알았다. 너에게 쓰는 편지도 실은 딸을 상상하며 썼다. 하지만 너는 주먹을 위로 불끈 쥔 아들이구나.
 편지는 여기까지다.

 사랑과 자유를 보내며 만나서 이야기하도록 하자, 아들아.

15주 6일

자유야, 아빠가 팁 하나 줄게.
 엄마가 좋아하는 것 중 하나는 아무 날도 아닌 날에 받는 꽃이야. 아빠는 엄마를 만나기 전에는 꽃처럼 금방 시드는 것이 무슨 의미가 있나 했는데, 작은 노력을 들여 준비한 꽃다발에 어린아이처럼 좋아하는 엄마를 보고 생각이 바뀌었어.

 꽃은 아무것도 아닌 날을 엄마가 웃는 날로 바꾸어준단다.
 자유가 이다음에 커서 혼자 슈퍼도 다녀올 수 있는 날이 올 때, 아빠가 주머니에 몰래 용돈을 넣어주마.

너는 그럼 아빠의 꿀팁을 기억하고 있다가 얼른 가서 엄마에게 줄 꽃다발을 하나 사 오거라.

  이게 바로 아빠와 자유가 걸어야 할 엄마 바보의 길이다.

  사랑과 자유를 보내며, 나중에 용돈도 보내마!

16주 6일

하이 자유! 잘 지내고 있니.

아빠는 너무 심하게 잘 지내고 있단다.

16주가 지나면서 엄마도 임신 사실을 가끔 잊을 정도로 잘 지내. 엄마가 편안하니 아빠도 편안하고 생활의 모든 것이 물처럼 잔잔하다.

아빠는 요즘 뭔가를 더하기보다 덜어내는 생활을 하고 있어. 건강해지려면 무엇을 하고 먹어야 할까가 아니고, 무엇을 하지 말아야 하고 먹지 말아야 하는지 고민해야 한다는 박진영 씨의 말처럼, 아빠는 덜어냄으로써 생활을 가볍고 건강하게 이어가려고 노력 중이야.

안 좋은 습관들은 그만두고, 쓰지 않는 물건들도 정리했어. 대신 더 가벼운 생활을 위한 새 습관들을 추가했어.

회사에 10분 먼저 출근하기,
아침 점심 저녁 제때 먹기,
외출하고 돌아오면 손 먼저 씻기,
3분 동안 양치하기,
운동 미루지 않기,
카카오톡 답장 빨리하기,
가계부 쓰기,
엄마가 챙겨준 약 잘 먹기,
매일 책 읽기,
매일 감사 기도하기,
세수하고 로션과 선크림 잘 바르기,
자고 일어나서 이불 정리하기.

이런 남들 다 하는 좋은 습관들, 그렇지만 아빠는 부끄럽게도 잘 지키지 못했던 습관들을 하나하나 잘 해내보려 한다.

아빠는 대단한 도전이나 목표 같은 것을 하나도 계획하지 않고 생활의 기본이 되는 것만 하는데도, 오히려 더 가슴이 뛰고 더 바쁘기도 하다.
 사랑하는 나의 아들 자유야, 사는 것은 싱거운 것이다. 대단할 것이 아무것도 없고, 대단해질 필요도 없단다. 그저 매일을 성실하고 즐겁게 살아. 엄마 아빠는 그런 자유를 보며 대단한 행복을 느낄 거야.

 사랑과 자유를 보낸다.

19주 3일

　얼마 전엔 할아버지 산소에 다녀왔어.
　처음엔 할머니랑 엄마랑 아빠랑 고모랑 가고,
다음엔 고모부도 같이 가고, 이번엔 자유도 같이
갔어. 갈 때마다 식구가 늘어나니 할아버지도 분명
좋아하셨을 거야.
　할아버지는 어떤 사람이었냐 하면, 가진 것과
상관없이 호방한 사람이었어. 가난하거나 일이 잘
안 풀린다거나 해결하기 힘든 일이 생겨도 그것은
그것이고 나는 나다, 하시면서 늘 웃고 늘 명랑하셨어.
할머니는 이러한 모습이 가끔씩은 철부지 같아
싫기도 했지만, 또한 이러한 모습 때문에 할아버지랑

결혼했고 행복하게 사셨다고도 했어.

   아빠도 할아버지와 비슷한 사람이 되었어. 따로 배운 적도 없었는데 말이야. 엄마가 아빠랑 결혼을 결심한 이유가 할머니랑 똑같았대.
   할아버지는 아빠에게 둘도 없는 친구였어. 할아버지는 아빠에게 아무것도 가르치지 않았고, 아무것도 바꾸려 하지도 않았고, 아빠 자신을 아빠일 수 있게만 도와주었어.
   할아버지와 함께 지낸 시간이 딱 10년인데, 고작 10년의 세월 동안 받은 사랑으로 아빠는 39년간 잘 먹고 잘 살고 잘 컸다.

   사랑하는 나의 자유야. 아빠는 너에게 할아버지 같은 아빠가 되고 싶다. 자유의 엄격한 선생님 말고, 마음 편한 친구가 되고 싶어.
   아빠가 자유보다 일찍 태어났을 뿐이지 언젠가는 너도 어른이 될 것 아니냐. 살면서 필요한 것들은 알아서 잘 배워나갈 것 아니냐. 그러니 내가 네게 무엇을 가르쳐. 우리 그냥 재밌게 놀기나 하자.

아빠를 믿어라. 그래도 된다. 자유는 할아버지의 손자이자 아빠의 아들이니까.

사랑과 자유를 보낸다.

20주 5일

"어느 세상에나 인간 본연의 진실이 있고, 진실은 마침내 통하게 마련이다. 꼭 만족할 만한 성과를 얻기 위해 도전하는 것은 아니다. 최선을 다한다면 얻을 수도 있고 얻지 못할 수도 있다. 하지만 도전은 반드시 자신의 세계를 넓히게 마련이다. 그것이 더 중요한 것이다."

어느 화장실에 붙어 있던 글귀인데 자유 보여주려고 사진 찍어왔어. 근사한 말이야. 사랑하는 내 아들 자유야. 도전에서만큼은 아빠가 일가견이 있단다. 아빠는 도전의 화신이다.

도전. 단어만 들어도 얼마나 피곤하냐. 하지만 도전의 화신인 아빠가 말하는 도전은 두 주먹 꼭 쥐고 하는 그런 도전이 아니야.

생활의 아주 작은 변화도 도전이지. 매일 책 10분 읽기, 매일 팔굽혀펴기 1개 하기, 밥 먹을 때 스마트폰 보지 않기, 같은 귀엽고 하찮은 노력도 모두 도전이다.

앞의 글에서는 "최선을 다하면 얻을 수도 있고, 얻지 못할 수도 있다"라고 말하지. 하지만 아빠 세계관에서의 도전은 이마저도 필요 없다.

자유야, 도전해서 무엇을 얻으려고 하지 마라. 도전하는 생활 자체가 너에게 의미가 있어. 세계가 넓어진다고 위의 글에서 또 말하지. 이 부분은 아빠도 완전하게 동의한다.

작고 하찮은 도전을 시작하고, 끊어지지 않게만 잘 이어나가라. 그렇게 살다 보면 너의 세계는 반드시 더 선명해질 거야. 유경험자로서 확실하게 보장한다.

아빠는 오늘부터 엄마랑 남산길 돌기 도전을 시작한다. 엄마 아빠의 세계를 넓히고 돌아올게.

사랑과 자유를 보낸다.

24주 4일

 엄마와의 첫 비행과 첫 제주도 여행은 즐거웠니? 아빠는 정말 괜찮은 건지 전 세계 모든 임산부의 비행 사례를 살펴보다가 볼록 나온 배가 그대로 드러나는 수영복을 입고 헤엄치는 엄마를 보면서 걱정을 멈췄다.

 사랑하는 내 아들 자유야. 그런 거였다. 엄마의 행복은 탯줄을 타고 너에게도 전해지는 거였어. 엄마가 행복하면 비행기를 타도 되고, 한라산을 올라도 되고, 매운 떡볶이를 먹어도 되는 거였어. 엄마가 행복하면 다 괜찮은 거였어.

사랑하는 내 아들 이자유와 내 아내 오송민의 첫 비행을 통해 아빠가 또 배운다.

사랑과 자유를 보낸다!

27주 0일

이제 27주가 지나면 생물학적으로 임신 후기라고 한다. 네 소식을 처음 들었을 때, 하루가 240시간 같았을 때를 생각하면 정말 반가운 소식이야.

아빠랑 엄마는 뭐 하면서 나 기다렸어, 라고 물어본다면 열심히 놀았다. 아무것도 안 했어.

그냥 엄마랑 산에 올라가고 커피 마시러 가고 치킨 먹고 사진 찍고 놀았어. 이 시절은 절대로 다시 올 수 없다는 것만 명심하면서 걱정 대신 행복으로 매일을 보냈어.

사랑하는 내 아들 자유야. 사람들은 다

비슷비슷하게 사는 것 같지만 사실은 또 다르게 산다. 어떤 사람은 매일 똑같은 출근길을 그저 무겁고 지겨워하며 살고, 어떤 사람은 매일 똑같은 출근길에 핀 꽃을 보며 행복해 하면서 살아.

자기 마음에 따라 지겨운 길이 되기도, 꽃밭이 되기도 해. 달라진 것은 아무것도 없는데도 말이다. 아들은 어디에서 살고 싶니? 아빠는 꽃밭에서 살 건데.

사랑과 자유와 꽃밭에서 사는 법을 보낸다!

29주 5일

어마어마한 일이 있었어. 아빠의 인생을 지구본 돌리듯 간단하게 휙 바꾼 일이 있었어.

엄마가 아팠다. 조금 피곤한 것 같아 보이더니 열이 나더라고. 이때까지만 해도 자신이 있었지. 왜냐하면 엄마랑 자유는 코로나도 이겨냈고, 아빠도 그때 엄마를 간호한 경험이 있었기 때문에 자신 있었어. 능숙하게 이겨낼 줄 알았어.

그런데 이번엔 뭔가가 달랐어. 열이 나도 해열제를 먹으면 떨어지곤 했는데, 이상하게 다시 올라가는 거야. 그게 루틴처럼 하루에 몇 번이고 반복되었어. 119 구급차를 타고 응급실을 두 번이나 다녀왔는데도 소용이 없어서 입원을 결심했어. 입원을 하니 그래도 마음이 좀 나아졌어. 이제 괜찮다고 그제서야 크게 숨 한 번 쉬었어.

  그런데 엄마가 낫질 않는다. 약을 먹어도 또 귀신같이 그 시간만 되면 열이 올라. 아빠는 무너졌다. 너무 쉽게 그냥 무너져버렸어. 아빠는 스스로 되게 강한 사람인 줄 알았는데, 손쓸 수 없는 가족의 불행에는 아빠도 별 수 없더라.

  큰 병원으로 엄마를 옮겼어. 옮겨서 할 수 있는 모든 검사를 받았어. 그런데도 열은 여전히 오르락내리락하고 원인은 못 찾았어.

  엄마가 많이 지쳤어. 열이 내려가서 잠시 정신이 드는 때가 하루에 네 시간 정도 되는데, 엄마는 그 찰나에 동산 같은 배를 만지며 네 이름을 불렀다.

  자유야. 자유야. 괜찮아. 엄마 할 수 있어. 그렇게 강단 있게 말하면서 엄마는 너를 지키고 스스로를 지켰어.

  세상에서 제일 불행한 일은 사랑하는 사람이 아파할 때, 해줄 수 있는 게 아무것도 없는 것이란 걸 아빠는 이번에 알게 되었어.

    기도했다. 제가 대신 아플 테니, 둘은 좀 내버려달라고. 한 번만 봐달라고. 이번에만 좀 어떻게 해주시라고. 앞으로는 늘 감사하며 살 테니, 제발 내 아내와 아들이 아프지 않게 해달라고 말이야.

    엄마가 열이 난 지 일주일 되던 날 아침, 갑자기 열이 뚝 하고 그쳤어. 병원에서는 바꾼 약이 잘 들었거나 자연스럽게 열이 내린 것이라고 했는데, 뾰족한 원인은 아직 더 검사를 해봐야 알 수 있다고 했어. 아빠는 상관없었어. 원인이 뭐든. 엄마가 드디어 웃으니까 다 상관없었어.

    여보 정말 열이 안 나? 정말이야?
    응, 정말 안 나!

    아빠 인생 통틀어 들었던 가장 통쾌한 대답이었다. 눈물이 나서 부끄러웠지만 그것도 상관없었지. 엄마랑 자유가 이제 안 아프니까.

    이 와중에 이자유 너는 눈치 없이 우당탕탕 잘도 뛰어 놀더라. 선생님이 그런 널 보시더니 이제 퇴원해도 된다고 하셨어.

 열흘간의 입원생활을 마치고 집으로 돌아가는 차 안에서 엄마는 펑펑 울었어. 슬퍼서가 아니라 너무 기뻐서 울었대. 창문으로 불어오는 바람이 너무 시원해서, 햇볕도 예쁘고 가로수도 예쁘고 지나가는 사람들도 예뻐서, 차 안에서 들리는 강수지의 〈보라빛 향기〉가 너무 신이 나서 울었대.

 사랑하는 내 아들 자유야. 아빠랑 엄마는 다시 태어났다. 비록 몸도 마음도 힘들었지만 덕분에 분명 다시 태어났다. 아빠랑 엄마는 더 이상 당연한 것을 당연하게 여기지 않게 되었어.

 앞으로 또 사는 게 내 마음대로 안 된다고 하더라도 이 마음, 이 결심을 잊어버릴 수도 있겠다는 의심조차 들지 않는구나.

 잘 이겨내줘서 고마워. 씩씩하구나 내 아들 이자유. 사랑과 자유와 건강을 보낸다.

34주 5일

 하이, 자유! 오늘이 너에게 쓰는 마지막 편지가 되겠구나.
 아, 물론 뱃속에 있는 시절 보내는 마지막 편지라는 뜻이니 섭섭해 하지는 마.
 그동안 편지가 뜸했던 것은 엄마가 여전히 아팠기 때문이야. 대충 두 달은 열이 난 것 같은데, 아빠는 그 두 달 내내 모래 구덩이에 빠진 기분이었다.
 밥을 먹어도 일을 해도 엄마를 보고 있어도 그냥 다 까슬까슬했어. 모래가 옷 속에 들어간 것처럼 움직이면 움직일수록 따갑고 아파서 뭘 하긴 했는데 뭘 했는지 잘 모르겠어.

그간의 이야기를 하자면 1년 내내도 할 수 있겠지만 관두자. 다 지나갔어. 지금은 다 좋아. 그럼 된 거야.

너는 이제 잠시 후 엄마랑 아빠를 만난다. 겸사겸사 조금 일찍 만나기로 했어. 34주 5일 동안 고생 많았다. 장하네. 내 아들. 멋지게 해내주었네. 이제 곧 엄마 아빠를 만날 텐데, 기분이 좀 어떠니.
아빠는 가슴이 터지도록 신나다가, 또 걱정이 되다가, 친구가 보내준 노래를 듣고 펑펑 울다가, 또 곧 널 만날 생각에 나이스! 하면서 웃다가, 아무튼 확실히 일반적이진 않다.

고생했다 아들.
곧 만나자. 많이 보고 싶었다.

자유로운 생활

세상에서 제일 사랑하는 송민아,
 수많은 걱정으로 밤을 지새우던 날들이 무색하게 너도 자유도 건강하고 씩씩해서 정말 다행이야. 앞으로의 날들이 더욱 힘들 거라고 모두가 이야기하는데, 나는 오히려 큰 파도를 한 번 넘어서인지 다가올 미래가 자신만만하기까지 하네.
 사랑하는 내 아내, 내 아들이 건강하기만 하다면, 나는 뭐든지 할 수 있고 하게 될 거라 믿어.

 자유를 얻기 전부터 지금까지 여보의 여정을 돌이켜보면 우와 정말 대단하다 싶다가, 인간으로서 존경스럽다가, 눈물이 왈칵 나기도 해.
 수고했다는 말밖에는 다른 표현이 생각나질 않네. 나머지 내 사랑과 존경과 감사는 행동으로 평생 갚을게. 우리 가족의 시간이 영원하지 않음을 나는 잊지 않을 거야. 잊지 않으면서 매일매일을 아끼며 소중하게 사용할게.

 앞날을 생각하니 정말 기쁘고 신난다. 즐겁게 살자, 자유와 함께!

사랑하고 존경해 영원히!

-자유 아빠-

열여덟 살 때부터 친구였던 우리는 이제 서로를 모르던 시간보다 서로를 알고 지낸 시간이 훨씬 길다. 우리는 함께 빛과 소금의 〈오래된 친구〉라는 노래를 자주 듣는다. 꼭 우리들의 주제가 같다고 생각한 적도 있다.

오늘 밤에는 둘이 산책을 했다. 길거리 아무데나 앉으며 아무것에나 웃었다. 구질구질한 고민도, 휘황찬란한 뜬구름 같은 미래 이야기도 했다. 누군가를 질투하며 내 자신이 촌스러웠던 순간도, 게으르고 엉망인 날들과 그럼에도 품었던 분수에 안 맞는 원대한 포부까지도. 그러니까 정리해보면 대단하지도 않고 앞뒤도 안 맞는 얘기들.
지훈이와 나는 이런 점이 비슷하다. 어디에나 털썩 앉아 어디에도 없는 얘기를 덜컥 해버리는 것. 이건 스무 살에나 마흔 살에나 똑같다. 쉰에도 똑같이 구질구질하고 뜬구름 같은 얘기를 같이 나눴으면 좋겠다. 내가 정말 나일 때만 꺼낼 수 있는 얘기라서.

우리는 오래된 친구 하나밖에 없는 친구
진실한 마음 하나로 서로를 이해하네

〈오래된 친구〉에서 후렴구로 이 문장이 계속 반복되듯이 우리의 삶에서도 계속 반복될 것이다.
　내가 정말 나일 수 있는 순간을 자주 만들어주는 오래된 친구와 부부가 되고, 가족이 되었다. 우리의 세계는 여전하고 앞으로도 계속해서 반복될 것이 인생의 빛과 소금처럼 느껴졌다.

남겨두길 잘 했네. 지금이 너무 좋고 행복해서 하마터면 지난날을 다 잊을 뻔했네. 다시는 열이 안 날 줄 알고 룰루랄라 돌아다니던 날, 또다시 열이 난 아내와 보낸 내 인생의 가장 길었던 밤, 아내 걱정, 자유 걱정에 그대로 굳어버린 나에게 사진이나 찍자고 말하던 씩씩한 아내의 목소리, 그리고 모든 게 거짓말처럼 지나간 날, 끝내 아무렇지 않았던 이자유를 만난 날. 하마터면 전부 다 잊을 뻔했네.

남겨두길 정말 잘 했네. 나에게 주어진 모든 평범한 것들이 하마터면 당연한 건 줄 알 뻔했네.

아이는 어린이집으로 남편은 회사로 떠났다.
각자 자기만의 세상으로 떠난 아침. 오늘은 고요한
집에서 혼자 시간을 보낸다.

  아이와 함께하는 삶에서의 사랑도 있지만,
혼자 있어야만 느낄 수 있는 사랑과 기쁨도 있다.
인스타그램 스토리 보관함에 들어가서 작년
이맘때를 살펴본다. 그럼 높은 확률로 기분이
좋아진다. 그때에 즐거웠다면 그런 추억이 있어서
좋고, 그때에 힘들었다면 지금은 괜찮아졌으니
좋고, 지금과 비슷하다면 아직도 같은 방향으로
나아가고 있어서 좋다.

  과거는 분명 존재했던 것인데 어떤 과거는
떠올리면 아주 흐릿하다. 지난 시간이 흐릿해져
잘 안 보이게 될까 봐 일기를 쓰고, 사진을 찍고,
인스타그램에 포스팅을 한다. 가끔씩 마음이 썰렁한
날에는 잘 붙잡아둔 지난 시간들을 둘러보는데
그러면 어김없이 자유와 사랑을 느끼게 된다.
반성도 하고 다짐도 하다가 마지막에는 결국 용기를
얻게 되는 것 같다. 지금을 더 잘 살아갈 용기.

운동을 하고 밥을 잘 챙겨 먹고, 주변에 다정하며 어떤 상황에서도 내가 힘들지 않을 선택을 하는 것. 이런 것에는 너무 작은 나머지 귀여울 정도의 용기가 필요하다. 언젠가 나중의 내가 오늘의 글을 읽고 분명 귀여운 용기를 얻고 있지 않을까.

오늘은 아내가 자유를 어린이집에 보내지 않았다. 특별한 이유는 없었는데 왜 안 보내냐고 물었더니, 그냥 오늘은 자유랑 많이 놀아주고 싶다며 아침 댓바람부터 둘이 손잡고 나갔다.

국방의 의무, 납세의 의무, 교육의 의무, 근로의 의무, 어린이집 출석의 의무는 국민의 5대 의무인데 이걸 안 보내고 품는 아내가 새삼 대단하다고 생각했다. 엄마의 사랑은 합리적이지 않다. 계산이 없다.

살아가면서 매일을 생생하게 기억할 수는 없다. 일도 사랑도. 그런데 육아는 그 정도가 가장 심한 것 같다. 분명 새벽부터 하루가 무척 길었는데 지나온 날들은 일주일처럼 지나가 버렸다. 그래서 오늘처럼 아주 생생하게 기억하고 싶은 날에는 육아일기를 적어본다.

자유가 오후 4시쯤 갑자기 호두과자를 먹으며 기차를 타고 싶다고 말했다. 이렇게 구체적이고 귀여운 아들의 희망사항에 망설일 수가 없었다. 게다가 우리 집은 걸어서도 서울역에 갈 수 있으니 잠깐이라도 자유가 제일 좋아하는 기차에 태워주고 싶었다. 가장 빨리 다녀올 수 있는 곳인 광명행 표를 끊고 기차를 탔다. 15분의 기차 여행. 낯선 동네를 구경하고 아이스크림을 사 먹고 이케아에 들러 인형도 샀다.

"엄마~ 오늘 기차 탄 것도 재밌었구, 인형도 재밌었구, 아이스크림도 재밌었구, 응가도 재밌었구, 아빠가 온 것도 재밌었구, 집에 온 것도 재밌었어!"

잠자리에 누워 오늘 하루를 시간대별로 차근히 기억해내며, 그러니까 사실 오늘 나와 보낸 시간 전부가 재밌었다고 말해주는데 비현실적으로 느껴질 만큼 아득하게 행복했다.

"고마워 자유야. 엄마 감동했어. 울 애기 오늘 고생했어."
"엄마 고생했어 하지 마. 내 마음이 슬퍼."
"아 맞아. 고생 아니고 행복이었어. 우리 오늘 엄청 행복했어!"
"응! 맞아! 행복!!"

그 경쾌하고 확실한 행복에 눈물이 쏟아져나왔다. 자유가 이제는 행복이라는 단어의 뜻을 정확히 알게 된 것 같다.
나는 언제쯤 울지 않게 될까. 아이가 태어나고 매일을 운다.

주말에는 세종에 다녀왔다. 아들과 처음으로 단둘이 떠나는 여행이었다. 그래봤자 목적지는 여동생네 집이었지만. 가게 된 이유는 별로 안 멋있다. 전날 술을 마시고 여동생과 통화하다가 "야, 이소연. 내일 내가 자유랑 둘이 한번 가본다!"라고 객기를 부렸기 때문.

지난번에도 가겠다고 해놓고 잠수 탄 적이 있었기 때문에 이번엔 가야만 했다. 물론 아들이 없었다면 번복 따위 백 번이고 아무렇지 않게 했겠지만, 이제 아빠가 된 이상 더는 실없는 사람이 될 수 없었다. 아들이 태어나고 이런 게 조금 변했다.

망고 나시만 입고 돌아다니기, 소방차 출동 유튜브 보기, 아몬드 빼빼로 먹기…. 평소에 아내가 하지 말라는 것만 군대 백일 휴가 나온 기분으로 실컷 하고 왔다.

좋아하는 영화 중에 〈기쿠지로의 여름〉이라는 영화가 있다(스포 주의). 백수건달 아저씨가 아이랑 함께 마구잡이로 여행을 떠나는 내용이다. 여행이 계속되면서 아이도 어른도 점점 성장해가는데,

기쿠지로는 아이의 이름이 아니고 백수건달 아저씨의 이름이었던 것이 결국 성장한 건 어른임을 말해준다.

가장의 책임감 같은 것을 생각해본 적이 없다. 나는 그냥 아내랑 아들이랑 노는 게 재밌고, 남들보다 조금 더 자주 행복을 느낄 뿐이다. 10년 뒤의 행복을 바라보지 않는다. 그때쯤엔 지금보다 갖춰져 있을 거라고도 기대하지 않는다. 지금 당장 속 편하게 사는 것만을 지상 최대의 목표로 둔다. 그 모습을 아들이 보고 아내가 본다. 그게 전부다.

여름을 좋아하는 이유 중 하나는 밤 산책이다. 슬리퍼를 신고 어슬렁거리며 동네를 산책한다. 오늘 저녁은 자유와 둘이 보냈다. 같이 아이스크림을 먹고 꽃집을 지나다가 고양이들 주려고 캣잎도 사고, 자유한테 장난감도 선물했다.

저녁 바람이 시원해서 좋았고, 장난감을 꼭 껴안은 자유도 좋았고, 내 손에 들린 화분이 담긴 연두색 비닐봉지까지도 마음에 들었다. 명랑한 걸음으로 집에 돌아오는 길. 단순해서 오히려 꽉 찬 행복이었다.

누구나 하는 고민에 너무 무겁게 빠지지 말고 삶의 귀여운 순간들을 그냥 흘려보내지 말아야겠다. 삶의 태도를 말할 때 '밝다, 긍정적이다'라는 단어로는 채워지지 않는 부분이 있었다. 이 단어들에서는 어쩐지 노력이 느껴졌기 때문이다.

그런데 '명랑함'은 다르다. 단어 자체에 타고난 씩씩함과 잔잔한 용기가 담겨 있다. 순수하고 의연한 마음까지. 명랑을 말할 때는 분명 경쾌한 울림을 느낄 수 있다. 손가락으로 기타 줄을

팅기듯이 혀끝으로 입천장을 팅기며 '랑'이라는
글자를 발음해보면 명랑이 얼마나 즐거운 단어인지
알게 된다.

옥수수를 먹으며 기차를 타고, 선풍기를
틀고 아이와 고양이와 잠드는 한여름의 날들.
여름 나무처럼 명랑한 초록의 날들이 오래오래
계속되었으면 좋겠다.

집에서 만세를 자주 한다. 내가 맨날 만세를 하니 자유도 만세보이가 됐다. 자유는 요즘 말도 잘하는데, 주로 하는 말이 화이팅, 컴온, 사랑해용, 고마워용이다. 이것도 주로 내가 일어나자마자 하는 말들이다.

자유와 함께 하루에 최소 세 번은 나가는데, 어제 저녁 마지막 3회차 외출 때는 자유가 차에 타자마자 "가자! 레츠고! 컴온!" 하면서 연속 세 단어를 콤보로 외쳤다. 그걸 보고 아내는 크게 웃고, 나는 "아들아, 그런 말만 하고 살아도 잘 살 수 있어!"라고 나도 모르게 말해버렸는데, 가만 생각해보니까 정말 나는 그런 말만 하고 살았는데도 잘만 살았던 것 같다.

가볍게 대충 산다. 심각한 표정으로 지내지 않는다. 심각할 것도 없으면서 괜히 오버하지 않는다. 뭐가 쪼끔 안 풀린다고 인상 먼저 쓰지 않는다. 그러다가 평생 인상만 쓰다 갈 수 있다. 웃고 싶으면 지금 웃는다. 마지막에 웃는 자는 너나 마지막에 웃어랑! 시룬데! 난 지금 웃을 건뎅!

사랑과 자유와 건강과 일. 한 가지 단어로만 이루어진 삶은 없다. 그러니 모든 단어에 조금씩 조금씩 시간과 정성을 들여 균형을 잘 맞춰야 한다.

내 삶의 중심이 되는 단어는 '자유'다. 무모하고 예측 불가한 자유로움이 아니라 내가 그어놓은 선 안에서 나의 규칙대로 행하는 소박하고 풍족한 자유로움.

열심히 놀고 일하고 사랑하는 계절이 되기를
나를 가장 아끼는 날들이 쌓여가기를
어느 계절에 있든 흠뻑 빠져 지내기를
무엇보다 나답게 할 수 있기를
어떤 계획은 허무맹랑할 정도로 거창하기를
이왕이면 모든 일에 건강한 마음을 더하기를.

아버지가 그랬듯 나도 아들 사진을 틈틈이 찍는다. 빛이 뭐고 구도가 뭐고 당연히 모른다. 그저 아버지가 그랬듯 나만의 시선과 마음으로 우리의 시절을 남겨둔다. 아버지는 당시에 정말 비쌌던 미놀타 카메라를 정말 가난했으면서 굳이 사셨다. 어머니께 먼지 나도록 혼나시던 장면은 내가 아무리 어렸어도 반드시 기억나는 몇 장면 중에 하나이다.

아버지는 나쁘게 말하자면 철이 없으셨고, 좋게 말하자면 낭만이 있으셨다. 아무리 어렸어도 반드시 기억나는 장면 두 번째로, 3평 남짓한 안방에 굳이 굳이 피아노를 들이셔서 자려고 누우면 피아노의 페달이 내 머리에 닿았던 장면도 있다.

나는 결코 아버지처럼 철없이 살지는 말아야겠다고 이십 대 내내 다짐을 하며 아등바등 살았건만, 결국은 아버지가 가던 길을 보폭마저 다름없이 똑같이 가고 있다.

나도 아버지처럼 토라진 아내를 피아노를 연주하며 달래주고 싶고, 다시는 없을 오늘의 아들을 사진으로 남겨두고 싶다. 그게 비록 형편에 좀 안 맞아도,

철없는 행동이 될지라도, 나도 아버지처럼 무슨 이유로든 오늘의 기쁨을 다른 것들에 내어주고 싶지 않다.

엄마에게 메시지가 와 있었다.

자유가 너무 예뻐
부모에게 기쁨으로 보답하잖아
이런 것이 행복이란다
송민이 동생 챙기고 비오는 날 우산 들고
정류장에서 고개 삐죽 내밀던 모습에 엄마는
행복했었어 나의 두 딸
내일 비 온대

비 오는 날 버스 정류장으로 엄마를 마중 나가던 저녁이 떠오른다. 나는 열 살, 동생은 여섯 살이었다. 그때는 비가 오면 온통 엄마 생각뿐이었다.
엄마 우산 없어서 비 맞을 텐데…. 동생이랑 신발이 다 젖은 채로 우리 엄마 버스는 언제 오나 목을 쭉 빼고 서 있었던 기억. 벌써 30년도 넘게 지나버렸다. 이제는 버스 불빛과 웃는 엄마, 비 오는 날. 이렇게 단어 몇 개로만 기억날 뿐이다.
요즘은 비가 오면 자유랑 등원하기 어렵겠네, 놀이터에 못 가겠네, 그런 생각을 한다. 그래서 "내일

비 온대"라는 엄마의 마지막 문장이 마음에 박힌다.

  과거의 우리가 너무 애틋해서
엄마가 우릴 보고 얼마나 뭉클했을까 싶어서
이미 너무 멀리 지나버린 추억이라서
어린 엄마의 얼굴이 선명해서
자유가 우리 곁에 와주어서
이제는 비오는 날 엄마보다 자유 생각을 먼저
하게 되어서.

  많은 이유들로 이 밤에 눈물이 주룩주룩 난다. 기쁨과 감동, 추억과 그리움, 아쉬움과 애틋함, 모두 다른 감정인데 사실은 다 사랑이라 그렇다.
  엄마 뱃속에서부터 가장 가까이 살던 우리가 이제는 가장 멀리 떨어져 산다. 추억도 저 멀리에 있다.
  오늘 내 마음이 아린 건 모든 것이 저 멀리에 있어 만져지지 않아 그렇다. 비 오는 날에는 버스만 봐도 순식간에 어린아이가 된다. 엄마를 기다렸던 그 시절로 달려가느라 마음이 바쁘다. "우리

딸내미들~" 하며 두 팔을 벌린 엄마는 젊고 젊어 푸르고 아름답다.

   그 시절 내 눈에 담긴 엄마는 세상의 전부 같다. 내 세상이 비에 젖을까 걱정하며 한 손에는 우산을, 다른 한 손에는 동생 손을 잡고 있다. 자유가 우산을 들고 고개를 빼꼼 내밀어 나를 기다리는 날이 오면, 나도 엄마처럼 빗속에서도 잘 보이도록 크고 환하게 웃어줘야지.

나랑 아들은 아침 텐션이 에베레스트산처럼 높고, 저녁 텐션은 마리아나해구만큼이나 낮다. 반면 아내는 우리와 완전히 정반대인 것을 친구 부부와 대화하다가 작년 12월에 처음 알았다.

한때는 아침에 종종 울적한 표정의 아내를 보면서, 아 내가 뭐 잘못했나, 자기 전에 이빨 안 닦고 잔 거 걸렸나, 하면서 발을 동동거리며 안절부절못했다. "무슨 일 있어? 기분 안 좋아?" 자꾸 캐물으며 아내를 못살게 굴었다.

단지 하루를 보내는 방식이 달랐을 뿐이었는데. 아내가 잠에서 천천히 깨어나길 기다려주기만 하면 되는 것이었다. 아내가 눈을 뜨면 부엌으로 가서 아내가 좋아하는 온수와 냉수가 반반 섞인 물 한잔 조용히 떠다 주면 되는 것이었다.

나는 지나간 일을 지나간 대로 두지 못해 자주 서글퍼진다. 다 지난 일이라 생각해도 소용없다는 남편의 위로는 내 마음에 와닿지 않고, 이미 지나버린 일에 쉽게 가라앉고 만다.

미안해 한마디면 바로 말끔해지는 남편과 달리 나는 손톱의 거스러미 같은 작은 상처에도 시간이 필요하다. 태어날 때부터 울적함을 모르는 남자와 만나 많이도 싸우고 많이도 치유받았다.

오늘 아침 남편은 일찍 출근했다. 거실에 나와보니 새벽에 나가면서 자유 어린이집 가방과 낮잠 이불을 챙겨뒀다. 달라도 너무 다른 성격 때문에 육아에 나보다 한 발짝 뒤에 있다는 생각에 긴 시간 참 많이도 싸웠는데 이제 그는 아버지가 되어 새벽에 먼저 일어나고 육아에 먼저 달려간다.

등원할 시간이 되어 우리는 어린이집으로 갔다. 매일 울던 자유는 이제 웃으며 "엄마, 우리 이따 만나자~" 하고 크게 손을 흔들며 인사한다.

"엄마가 사랑하는 거 잊지 마"라고 말해주고

어린이집을 나서는데 문득 이런 생각이 들었다.

  이렇게 살아가는 거구나. 처음이고 낯선 것에 조금씩 적응하며 익숙해지고, 결국에는 잘 해내면서. 그 속에서 서로 도와가며 같은 색으로 물들어가며.

  나의 뾰족함이 그의 파인 홈에 쏙 들어간다. 잘 맞아진 우리는 부드럽게 굴러갈 수 있게 되었다. 덕분에 이제 나는 지나간 어떤 일은 지나간 대로 두기도 한다.

고양이 방으로 잠깐 쉬러 가면 자유가 스파이처럼 따라와 나를 감시한다. 모든 것을 함께하고 싶어 하는 아들이 기특하고 감동적이면서 기진맥진해진다. 잠시만이라도 아들이랑 떨어져 있고 싶다가, 또 잠시라도 아들이랑 떨어져 있고 싶지 않다. 요즘 우리 부자의 관계는 이처럼 설명할 수 없는 마음으로만 설명이 된다.

천하의 악동 코너 맥그리거도 이런 사랑은 겪지 않으면 알 수 없다고 말한다. 그렇다고 이런 사랑이 뭔지 설명하라면 그건 또 애매하다. 그저 그의 말처럼 모든 게 달라진다. 나의 밝은 부분은 더 밝게, 어두운 부분은 환하게 바꿔줘서 나는 그늘지지 않는다. 아직 제대로 된 대화 한 번 나눠본 적 없는 작은 아이가 말 한마디 없이 나의 가장 좋은 선생님이 되었다.

무엇도 기념할 만한 특별한 날은 아니었지만 가족사진을 찍었다.

장미가 쏟아질듯이 핀 골목에서 한 장, 버스 정류장에 나란히 앉은 모습이 좋아 한 장, 산 정상에 올라 다 같이 웃으며 또 한 장.

가던 길을 멈춰 타이머를 맞추고 같은 곳을 보며 하나 둘 셋을 세는 일.
우리가 가족이 되어가는 과정처럼 느껴졌다.

서로 마음이 어긋나거나 삐걱거릴 때에도 그렇게 하자. 잠시 멈춰 타이머를 맞추고 서로를 기다리며 하나 둘 셋.

아 조금만 더 열심히 살아볼걸, 아 피곤하더라도 운동 갔다 올걸, 그때 그냥 재지 말고 여행 갔다 올걸, 아들이랑 더 놀아줄걸, 아내가 낮술 먹고 싶어 할 때 같이 먹어줄걸, 같은 생각이 든다면 늦었다. 늦은 건 늦은 것이다. 뒤로 갈 수 있는 사람은 아무도 없다. 그러므로 후회할 필요도, 환경을 탓할 필요도, 누구를 원망할 필요도 없다. 내가 그렇게 살지 않은 것뿐이다.

다만 기회는 있다. 어제보다 한 발짝 더 나아갈 기회, 피곤해도 운동화 끈을 묶을 수 있는 기회, 내일 갑자기 여행을 떠날 기회, 아들과 더 많이 눈을 마주칠 기회, 대낮에 아내와 술잔을 부딪칠 수 있는 기회는 분명 있다. 잘 살 수 있는 기회는 지금도 있고, 매일 있다.

설운도가 〈사랑의 트위스트〉를 불렀을 때 그의 나이는 마흔이었다고 한다. 높고 멀게만 바라보던 그 나이에 왔다.

스물스물 기지개를 켜보라고 스물
서서히 어른이 되라고 서른
많은 걸 해보라고 마흔
잠시 쉬어가라고 쉰
예술과 꼭 같다고 예순
잃은 것들을 기억해보라고 일흔

그런 것 아닐까 생각해봤다. 지금 내 나이는 "많은 걸 해보라고 마흔"이다.
시간과 계절은 언제나 이렇게 성실하게 흐른다. 그러니 이미 지나가버린 일과 별거 아닌 것에 휘청거리는 마음도 성실히 흘러가도록 둬야지. 그리고 무엇보다 진짜 즐겁게 지금을 보내야지.

하루를 확대해보면 높고 낮은 파도들이지만 멀리서 보면 그저 앞으로 나아가는 흐름이다. 그

흐름에 올라타서 둥실둥실 떠다니면 된다. 상하이 상하이 상하이 트위스트 추면서.

격동의 시절을 보내고 있다. 이지훈, 이지보이, 이지마트, Tieb, 오송민 남편, 이자유 아빠, 제이슨 본 리, 복서 리, 댄서 리 등 아무도 안 시켰는데 스스로 세계관을 확장시켜놔서 좀 바쁘다.

물리적으로 '진짜' 바쁘니까 말로만 듣던 번아웃이 오… 지는 않고 '번'만 왔다. 더 뜨겁게 오늘을 살고 싶다는 생각밖에 안 든다. 오늘을 얼렁뚱땅 넘어가는 게 허락된 사람은 전 세계에서 수능이 끝난 고3뿐이다.

운동할 시간이 없으면 좀 더 일찍 일어나 본다. 아들이랑 놀아줄 시간이 없으면 유튜브 보면서 딴짓하는 시간을 줄여본다. 누구나 원하는 대로 사는 방법을 알고 있다. 다만 알고만 있을 뿐이다.

행복하기는 쉽다. 알고만 있던 걸 실제로 하기만 하면 된다. 진심 졸리지만 신발 신고 현관 문을 여는 순간 무엇이든 될 수 있고 무엇이든 할 수 있다.

물과 같은 생활. 무리하지 않는다. 일찍 일어나고 일찍 잠든다. 전처럼 무리해서 늦은 새벽까지 일하지 않는다. 노동과 시간의 낭비를 줄이고 대신 집중해서 일한다. 아낀 시간은 운동과 산책에 쓰고 돌아와서는 평범한 대화나 나누다가 열두 시가 되기 전에 잠든다. 흐름을 바꾸려 애쓰지 않는다. 흐름을 탄다.

새해 첫날 언제나처럼 몇 가지 다짐을 했다.
즐겁게 살자, 매일에 성실하자, 하고 싶은 일에
망설이지 말자. 얼마나 지키며 살고 있을까.
지난날들을 하나씩 떠올려보았다. 그때 자유가
물었다.

엄마 바다는 차가워?

예전에 들은 이야기가 있다. 아이가 별이 뭐냐고
묻자 그 길로 바로 별을 보여주러 떠났다는 어느
부모의 이야기. 우리는 그 이야기를 참 좋아한다.
그래서 남편은 자유가 소방차를 좋아하게 된 이후
주말이면 자유를 자전거 뒤에 태우고 소방서로
간다.

자유야, 우리 바다에서 수영해보자. 그럼
차가운지 따뜻한지 알 수 있을 거야.

이런 이야기를 나누며 기차를 타고 바다로
향했다. 자유의 질문으로 시작된 여행. 평소라면

망설였겠지만 이번에는 굳이 무리하고 싶었다. 아이의 웃는 얼굴과 그 너머로 은하수 같던 윤슬, 모래로 덮인 작은 발가락과 빨갛게 타버린 남편의 등. 소금기 남아 있는 수영복과 아무리 털어도 계속 나오는 모래알.

그야말로 한여름이었다. 한여름이라는 말이 새삼 멋지게 들렸다. 계절의 가장 높은 곳에 올라와 있는 기분이었다. 여름의 꼭대기에서 우리의 여름을 자세히 들여다보았다. 시간이 오래 지나도 오늘은 바래지 않을 것 같다고 생각했다. 집으로 가는 기차 안에서 자유는 말했다. 바다는 쪼끔 차가웠지만 재밌는 거라고.

여름은 할까 말까 할 때 해야 하는 계절인 것 같다. 다시 또 쪼끔 차가웠지만 재밌는 바다에 가자. 더욱 무리하는 우리의 여름을 보내고 싶다.

세탁소 아저씨의 웃는 모습을 아들 덕분에 5년 만에 처음 본다. 멀리서 아들을 본 택배 아저씨는 담배를 쥔 손을 얼른 뒤로 숨기고 스윽 웃으신다. 지나가던 차들이 경적 한 번 누르지 않고 유모차에서 내리는 아들을 기다려준다. 동네 사람인 줄은 알음알음 알고 있었지만, 미처 인사를 나누지는 못했던 이웃들과 아들을 앞세워 안부를 묻는 사이가 되었다. 아들이 태어나고 내 동네에 동화 같은 일이 많아졌다.

회사 사무실 건물에 경비 할아버지가 계신다. 몇 년째 매일 마주치지만 긴 대화를 나눈 적은 없다. 출근길에 "안녕하세요~" 하고 인사를 드리면 고개만 조용히 끄덕이신다. 조금 무뚝뚝하신 편인 것 같았다. 우리는 서로 이름도, 나이도, 아무것도 모른다. 그저 매일 얼굴만 보는 사이.

그런데 자유에게는 놀랍도록 다정하고 새로운 모습을 보여주신다. 우르르까꿍부터, 처음 보는 웃는 얼굴, 그리고 자유는 언제 오냐는 몇 년 만에 듣는 가장 긴 문장까지.
자유의 첫돌이라고 인사드렸더니 다음 날, 봉투 하나를 건네주셨다. '경비 할아버지가'라고 또박또박 적은 글씨와 그 안에 들어 있던 3만 원.

그 반듯한 글씨를 보고 눈물이 날 것 같았다. 나는 작은 일에도 쉽게 우는 편이지만, 이건 단순히 내가 잘 우는 사람이어서만은 아닐 것이다. 경비 할아버지와 나, 우리는 서로 아무것도 모르는 사이지만, 마음만은 분명히 알고 있다고 느껴졌다.

봉투는 서랍 속에 곱게 넣어두었다. 이런 장면에 잃어버리고 잊어버린 것들을 조금씩 채우고 메꿔가며 살아간다.

아들의 이름이 자유인 것은 아내도 나도, 특히 내가 '자유'를 최고의 가치로 생각하기 때문이었다. 그렇다면 자유가 뭐지. 어린 시절에는 자유란 지 맘대로 사는 것이라고 믿었었다. 먹고 싶은 대로 아무거나 먹고, 자고 싶으면 자고, 놀고 싶으면 놀고. 이리 갔다 저리 갈 수 있는 거고, 오늘은 이랬다가 내일은 저럴 수도 있는 것. 제약도 없고 규칙도 없고 인내란 더더욱 없이 마음대로 행동하는 것으로 이해했다. 내 이십 대의 자유는 이랬었다.

　지금의 자유는 제때에 일어나고 제때에 자고, 삼시 세끼를 잘 챙겨 먹고, 바른 자세로 일하고 꾸준히 운동하는 것. 하늘이 두 쪽 나든 말든 무슨 일이 있어도 나의 일상을 유지하는 것. 내가 옳다고 믿는 것을 흔들림 없이 계속 옳다고 말하고 행동할 수 있는 것. 따라서 밖이 아무리 시끄러워도 내 안의 마음은 언제나 넓고 시원하게 유지되는 것. 이것이 지금 이해하는 나의 자유이다.

　오후 늦게 일어나서 아무렇게나 술이나 마시고

괜히 가만히 있는 주차 고깔이나 발로 차던 이십 대의 나는 그 모습을 애써 자유롭다고 말했는지 모른다. 사실 마음은 하나도 자유롭지 않았으면서. 자유를 정의하는 것부터가 벌써부터 자유롭지 못하다. 정답은 없다. 하지만 경험은 있다. 지 마음대로 사는 것은 자유가 아니었다. 진짜 자유는 자유롭게 생각하고 행동하지만, 대신 책임을 확실히 지는 것이었다.

여보 자유는 이제 완전히 적응했는지 나랑 손잡고 잘 들어갔어.

나는 공장 가는 길에 조용한 사장님네서 커피 한잔 먹고 가.

조용한 사장님네 카페에 9시쯤 가면 항상 조용한 사장님과 외향적인 아저씨 둘이 있어. 조용한 사장님은 근무복처럼 똑같은 옷을 단정하게 입고 있고, 외향적인 아저씨는 아빠 사랑해라는 그림이 그려진 맨투맨을 입고 계셔. 나랑 같은 차라서 차 이야기를 하다가 원래는 토요일도 근무했는데 아이가 생겨서 주말은 안 한다는 이야기도 하다 왔어.

별거 없는 사소한 이야기만 나눴는데 그냥 기분이 좀 좋더라. 아무리 봐도 조용한 사장님하고 외향적인 아저씨는 서로 안 맞는 거 같은데 항상 같이 있는 것도 웃기고.

여보랑 어제 냉장고 앞에 서서 이야기했던 것처럼 사소한 하루가 어쩌면 기적일 수도 있잖아. 나도 오늘 아침은 해도 해도 너무 사소한데 그냥 행복했네.

사랑하는 여보 좋은 하루 보내.
저녁에 와인 하나 사갈게.

남편의 메시지를 받은 아침.
얼마 전 둘이 냉장고 앞에 서서 인생네컷을 요리조리 붙이며 정말로 그런 얘기를 했다.
사소한 하루가 사실은 완벽한 기적이라고.

오늘도 기적의 하루, 좋은 하루를 보내자.
그리고 와인은 두 병 사와!

자유가 뭐든지 따라 한다. 오랫동안 관찰하다가가 어렵게 따라 하는 게 아니고, 눈치채기 힘들게 지나간 말과 행동마저 순식간에 흡수한다. 이제부터 모든 행실을 조심해야겠다는 생각이 먼저 들었다가, 아니 그게 조심한다고 될 일인가라는 생각으로 이어졌다.

조심해서 나의 본 모습을 잠시 숨길 수는 있다. 하지만 원래 바른 말을 쓰지 않는 나는, 원래 책을 잘 읽지 않는 나는, 원래 쉽게 포기하는 나와 남 탓으로 돌리는 나, 내 힘으로 스스로 하길 겁내는 나는 당연히 금방 들통나고 말 것이다. 그러니 답은 오히려 심플하다. 내가 원래 괜찮은 사람이면 된다. 이자유의 아빠로서가 아닌 이지훈으로서 즐겁게 잘 살아가는 게 내가 할 수 있는 전부다. 자유에게 그보다 좋은 가르침은 없어 보인다.

결혼 7주년.

일곱 번의 한 해가 지나갔다. 일곱을 말할 때는 야무지게 입술이 모아진다. 소중한 것이 새어나갈까봐 입술을 꼭 다물고 말하게 되는 숫자다.

  봄에는 특별히 더 많이 사랑하며 지내고
  여름에는 바다로 떠나고 소나기에 뛰어다니며
  가을에는 함께 보내온 시간을 바스락거리며
걷는다.
  봄과 여름을 지나 다시 돌아온 겨울에는
불꽃놀이처럼 쏟아지는 눈을 보며 하얀 밤을
보낸다.

함께 새로운 날을 맞이하고 비를 맞고 눈을 맞으며 매일을 보낸다. 책을 읽으며 기억하고 싶거나 좋아하는 문장이 나오면 모서리를 접어둔다. 일곱에서 숫자가 점점 자라날수록 우리의 많은 페이지에 모서리가 수북이 접혀 있기를, 두고 두고 기억하고 싶은 날들이 많기를.

앞으로 고이 접어둘 우리의 모서리에 미리 사랑과 자유를 보낸다.

후암동에 8년을 살았으면서 또암동으로 이사 갈 집을 구했다. 후암동엔 아파트가 거의 없고 빌라도 엄청 비싸다. 주변 사람들은 그 돈이면 아파트고 그 돈에 조금 더 보태면 뭐가 어떻다는데 잘 모르겠고, 나는 언제든 가족과 남산을 오를 수 있는 후암동이 8년째 계속 좋다.

물론 돈에 관심이 있다. 많이 벌어서 나쁠 거 하나도 없다고 생각한다. 다만 난 돈이 아무리 많아도 아파트 시세 전망을 알아볼 것 같진 않다. 일단 봐도 모르고 그렇게 치밀하게 살 생각이 없다. 그냥 계속 후암동에 살면서 아들이랑 모험하기 좋은 남산 코스나 짜는 게 나의 행복이고, 나는 살 수 있다면 차라리 이 행복을 사고 싶다. 아 물론 애초에 돈도 없긴 하다.

지금이 좋다. 갖고 싶은 게 아무것도 없다. 갖고 싶으면 무슨 수를 쓰든 지금 당장 갖고야 마는 나 이지보이, 포기를 모르는 불꽃 물욕 남자도 오늘은 셋이 앉을 작은 돗자리 하나면 충분하다고 생각했다.

필요한 것도 아쉬운 것도 부러운 것도 계획도 목표도 꿈도 없고 뭣도 없다. 나는 그냥 오늘이면 된다. 목마 탄 아들, 날리는 꽃잎, 웃고 있는 아내.
나는 오늘이면 됐지, 허둥지둥 살다가 오늘을
놓치기라도 한다면 그것만이 너무 분할 것 같다.
지금이 좋다. 나중은 나중의 나에게 맡긴다.

오늘은 야근하는 날. 다가올 일주일을 걱정하다가 무거워진 마음을 끌고 집으로 돌아왔다. 새로운 날이 와도 어떤 날은 여전히 슬프고, 다행히 또 다른 날은 즐겁거나 행복하기도 하고, 대부분의 날들은 아마도 그저 그럴지 모른다. 그러나 오지 않은 날들은 아직 바꿀 수 있는 게 많다. 걱정이 있다면 해결할 수 있고, 기대가 된다면 더 잘해볼 수도 있다.

집에 들어가니 가족들은 모두 자고 있었다. 늦은 밤 집에는 고요함과 평화로움만 가득했다. 현관 오른쪽 작은방에서 노란 불빛이 새어나온다. 남편이 작은방에 잠자리를 깔아놓았다. 그 옆에는 손편지도 있었다.

하나도 짝이 안 맞는 제멋대로인 이부자리와 노란 불빛이 그렇게도 다정하게 느껴졌다. 대부분의 그저 그런 날들에 기어코 비집고 새어나오는 노란 빛깔의 사랑 같았다.

남편의 손편지에는 사랑해도 아니고 알러뷰도 아닌, "러브!"라고 한글로 거칠게 적혀 있었다.

제 멋대로 짝짝이 이불에 누워 있지만 마음은 어느 때보다 제 짝이 맞아 반듯하다. 지나간 오늘에 안녕을 보내고, 지금 막 달려오는 오늘에도 안녕을 보낸다.

그리고 러브!

3킬로미터의 자유 여행을 떠난다. 코스는 맨날 똑같지만 메이트가 다르다. 작년까지만 해도 아내와 둘이 걷던 길에 등에 업힌 아들이 합류했다. 매일 걷던 길, 매일 가던 시장, 매일 보던 남산타워. 별 생각 없이 당연했던 모든 여정이 안 당연해졌다. 셋이 걷는 모든 길이 새롭고 신난다.

　이 핫도그는 나중에 셋이 꼭 사먹어야지, 이 책방은 셋이 꼭 다시 오자, 남산타워는 벚꽃 필 때 셋이 또 오자. 뭘 하든 의식의 흐름의 마지막엔 '우리 셋'이 있다. 사실상 뉴런 세포가 가족에게 지배당한 셈이다.

　박선아 작가님이 『20킬로그램의 삶』이라는 책에서 말한 삶은 20킬로그램 캐리어에 담을 몇 가지 물건이면 충분하다는 얘기처럼, 나는 3킬로미터의 자유 여행이면 충분하다.

자유로움이 더 커졌다!

에필로그

 원고를 쓰며 나는 왜 이렇게 많이 우는 사람일까 생각했어요. 자꾸 엉엉 펑펑 운 이야기만 잔뜩이라 한숨이 나옵니다. 기뻐도 울고, 슬퍼도 울고, 짜증나도 울고, 감정의 끝에서 '울었다'는 말밖에 못 적는 나 자신이 답답해서 또 눈물이 났습니다.

 그렇지만 기뻐서 운 날이 많았구나 생각하며 안심합니다.
 행복에 벅차서 운 날이 많아서 다행이라 생각합니다.
 어린아이를 키우며 사실은 내가 어린아이가

되었던 것 같아요.
   사랑도 불편도 처음이어서 잘 말하지 못하고 아이처럼 울기만 했었나 봐요.

   마음껏 어린아이였던 시간.
   처음이고 초보여서 어쩔 줄 몰라 눈물부터 흘렸던 시간.
   아마도 이 시절을 평생 그리워할 것 같아요.
자유를 만나고 삶에 더 없이 자유로웠던 시절.
   지금을 오래오래 기억하고 싶은 마음을 넘치게 담아 글을 썼어요.

   글을 쓰는 동안 계절이 몇 번 바뀌었어요.
   하고 싶은 말을 원래보다 예쁘게 하고 싶어서 오래 머뭇거렸습니다.
   하고 싶은 말은 예쁘게가 아니라 그저 기쁘게 하면 되는 건데요.

   무엇이든 할 수 있고 무엇이든 하지 않을 수 있는 자유로운 생활이 되길 바라며,

그리고 그 방향과 속도의 기준이 오직 나이기를 바라며,
이 책을 전합니다.
예쁘게가 아니라, 기쁘게요.

2025년 여름,
오송민

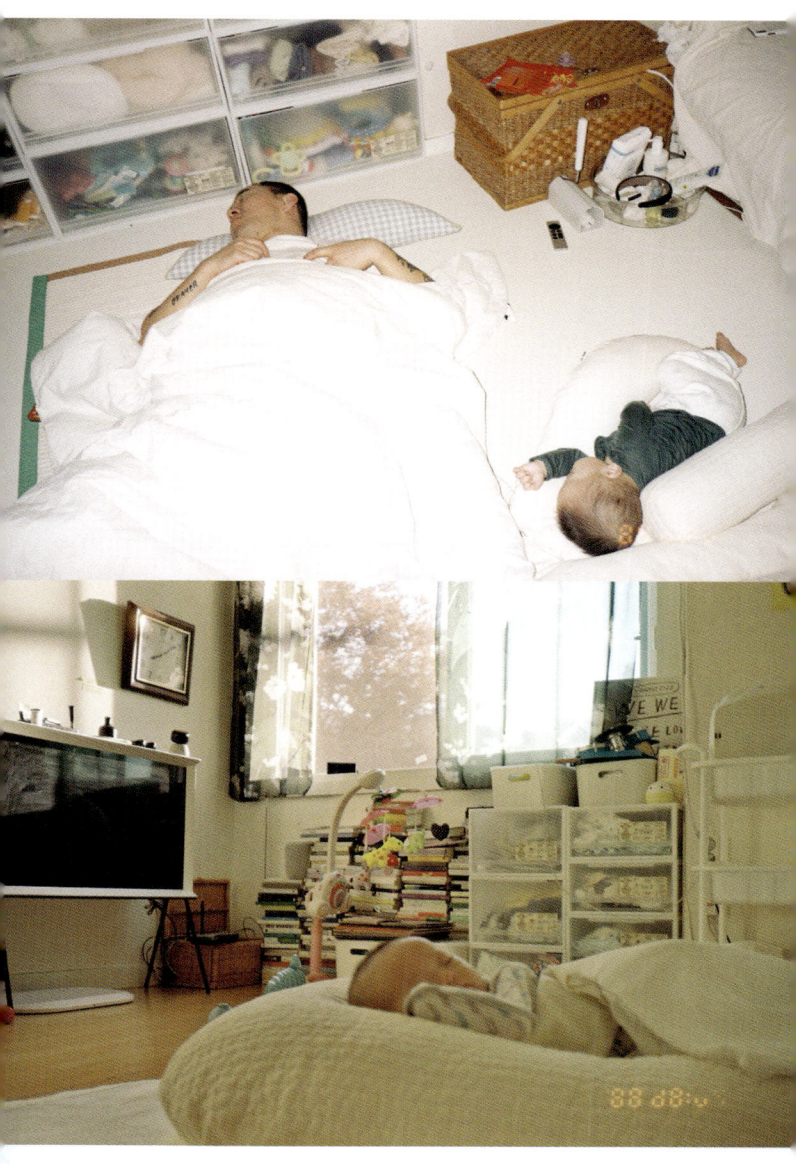

송민과 지훈의 어린 아들, 자유는 아직 행복이라는 단어의 정확한 뜻을 모른다. 누군가 어른이 된 자유에게 "행복이 뭐야?"라고 물었을 때, 주저 없이 이런 답을 하는 모습을 상상해본다. "이상한 춤을 추며 기상하기, 느닷없이 앞구르기, 오후 2시에 잡채국밥에 반주하기, 사랑의 단어가 맴돌 때는 펜을 들고 편지 쓰기, 자기 전에 즐거웠던 일 소리 내어 말하기, 애틋한 기쁨이 생겼을 때는 오히려 엉엉 울어버리기." 이 책은 언젠가 자유가 들려줄 대답의 풍경을 미리 그려둔다. 투명한 사랑과 또렷한 자유, 그리고 그 모든 순간을 경쾌하게 감싸안은 행복을.

박선아 (아트 디렉터, 『우아한 언어』 저자)